アラ還十和子

君島十和子

Around 60 Towako

KODANSHA

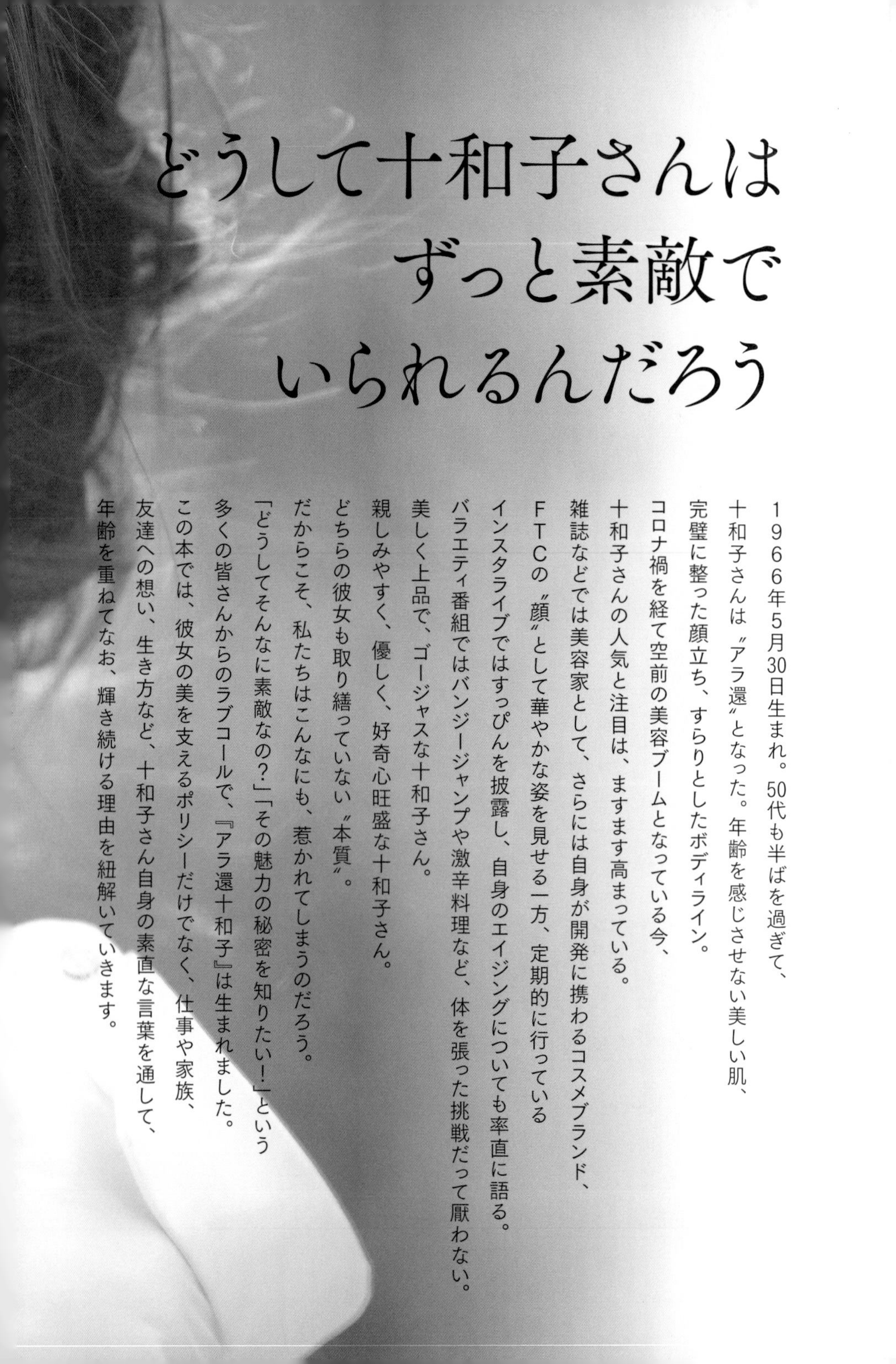

どうして十和子さんは ずっと素敵で いられるんだろう

１９６６年5月30日生まれ。50代も半ばを過ぎて、
十和子さんは〝アラ還〟となった。年齢を感じさせない美しい肌、
完璧に整った顔立ち、すらりとしたボディライン。
コロナ禍を経て空前の美容ブームとなっている今、
十和子さんの人気と注目は、ますます高まっている。
雑誌などでは美容家として、さらには自身が開発に携わるコスメブランド、
ＦＴＣの〝顔〟として華やかな姿を見せる一方、定期的に行っている
インスタライブではすっぴんを披露し、自身のエイジングについても率直に語る。
バラエティ番組ではバンジージャンプや激辛料理など、体を張った挑戦だって厭わない。
美しく上品で、ゴージャスな十和子さん。
親しみやすく、優しく、好奇心旺盛な十和子さん。
どちらの彼女も取り繕っていない〝本質〟。
だからこそ、私たちはこんなにも、惹かれてしまうのだろう。
「どうしてそんなに素敵なの？」「その魅力の秘密を知りたい！」という
多くの皆さんからのラブコールで、『アラ還十和子』は生まれました。
この本では、彼女の美を支えるポリシーだけでなく、仕事や家族、
友達への想い、生き方など、十和子さん自身の素直な言葉を通して、
年齢を重ねてなお、輝き続ける理由を紐解いていきます。

Attractive Point
1

いつだって全力主義

〝バカ〟がつくほど真面目。美容においても、生き方においても、典型的なA型気質。さらに小さな頃から「足が速い」「賢い」「話が面白い」などといったずば抜けた特徴がなかった私。そのため、「一生懸命にやらないと人並みになれないのでは？」という不安な気持ちが常にどこかにあって、全力で頑張らずにはいられません。没頭しすぎてバランスを崩してしまうこともあります。ただ、そんな自分が嫌いではないのです。肌に自信がなかったからこそ、お手入れを研究して、荒れがちだった肌を健やかにする方法を見つけることができました。さらにその頑張りがあったからこそ今、美容のプロとして皆さんの悩みに寄り添える。もう少し軽やかになりたいと思う日もあるけど、全力で頑張るのが私の生き方。今ではそう納得しています。

Attractive Point

2 素直に生きる

わからないことを「わかる」と言ったり、できないことを「できる」と言ったりすることが苦手です。バレたらどうしようとヒヤヒヤするのは嫌ですし、そもそも昔から、自分を実力以上によく見せようという意識が薄いみたい（笑）。だからこそ、インスタライブですっぴんをノーフィルターで披露してしまうのかもしれませんね。いろいろな考え方がありますが、50代半ばのリアルな肌をしっかり見せてエイジングサインについても隠さず、「だけどこんなお手入れすれば、年齢を重ねた肌でもこんなふうによくなりますよ」とお伝えするのが私の役目だと思っているから。素直さは、私の武器。成長を止めないためにも、飾らず、素直に生きていきたいと思います。

Attractive Point

3

悩んでもしかたないことに心を傾けない

人生にはままならないことがたくさん起こります。だけど、そこで終わりではありません。いつか必ず、そこから抜け出せる日がくることを私は経験から知っています。学生時代、父の事業が失敗したとき、CMのキャンペーンガールに選ばれたことで大学への推薦が叶わなくなったとき、結婚する際、信じられないほどのバッシングに見舞われたとき……。『どうして私にばかりこんな辛いことが？』と思わずにいられないような場面に、人生で何度も直面してきました。だけどそこで腐らず、ヤケにならず、粛々と自分のなすべきことを続けていたら、いつのまにか道は拓けていました。私が日頃から心がけているのが「悩んでもしかたないことに心を傾けない」ということ。コスメーカーを経営していますから、今でも仕事のことを考えて不安で夜中に目が覚めてしまうような日もあります。だけどそれが自分の力ではどうにもならないことの場合、いくら考えたところで、何も発展しません。だったら気持ちを切り替えて、今できることに注力してベストを尽くす。そうすると気持ちが落ち着くだけでなく、徐々に問題が解決していくから不思議です。これからも、受け入れる気持ち、しなやかな強さは持ち続けていきたいですね。

Attractive Point

4 変化を恐れず、進化し続ける

物心がついたときからSNSがある世代と違い、私生活をさらけ出すことに最初は抵抗がありました。ですがアメブロから始まり、インスタグラム、YouTubeと次々に挑戦してきたことで、以前よりも〝届く〟範囲が広がったことを実感しています。「失敗したら？」や「イタいって笑われたら？」とは考えません。だってせっかく素晴らしい化粧品を開発できても、発信して皆さんに知っていただけなければ、世間では〝無い〟のと同じ。それはとってもさびしいですよね。それに、自分の提案がどんなふうに皆さんに届いたかが、リアルタイムでわかるのも面白いこと。好意的な反応だけでなく、ネガティブなものも勉強になりますから、そちらを参考に、発信する情報をアップデートしていけるのもまたいいんですよね。

アラ還ですが、まだまだ仕事のゴールは決めていません。上を見れば、奇跡と呼びたくなるような素敵な先輩たちがたくさん活躍されています。希望しかないですよね。また、世代やジャンル、価値観の違う方たちとどんどん触れ合って、自分をアップデートしていくことが私は心底好きなんです。

History of Towako Kimijima

十和子さんのこれまで
～人生をプレイバック～

1966
5月30日 東京都大田区に生まれる

1970
日本女子大学附属豊明幼稚園に入園

1973
日本女子大学附属豊明小学校に入学

1979
日本女子大学附属中学校に入学
雑誌『mc Sister』にてモデルデビュー

1982
日本女子大学附属高等学校に入学

1984
『'85年JAL沖縄キャンペーンガール』に抜擢

誕生時は4110gのジャンボベイビー。幼少期はベリーショートでやんちゃな女の子でした。

小学校

小学校に上がる頃になると、おっとりとした性格に。それでも座って勉強するより、身体を動かすほうが好きでした。中学時代はチェロとバイオリンに熱中。

中学校

高等学校

(右)原宿のショップの店長さんに誘われて雑誌モデルデビュー。(左)学園祭では皆でラガーマンのコスプレを披露。

高校3年生の時に『'85年JAL沖縄キャンペーンガール』に抜擢。撮影にあたり、日焼け肌がマストだったので日焼けサロンで何日もかけて下焼きして真っ黒に！ 何度も海に飛び込んだり、ウインドサーフィンに挑戦したりと体当たりで頑張った思い出のお仕事。
撮影／吉村則人

History of Towako Kimijima

1986

雑誌『JJ』の専属モデルに

1988

NHK銀河テレビ小説『新橋烏森口青春篇』で女優デビュー

1995

君島一郎ブティックのウェディングファッションショーにて君島誉幸氏と出会う

時代劇からバラエティ番組まで幅広く出演した女優時代

時代劇などに出演したほか、『世界ふしぎ発見！』のレポーターも経験。また事務所の人たちとローマ教皇にお会いするためバチカンを訪れたことも。

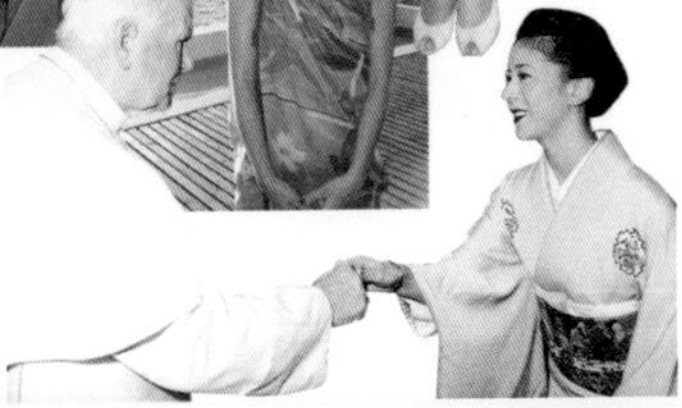

夫と出会ったファッションショー。お互いいろいろな誤解もあったりして、第一印象は実は良くありませんでした（笑）。

『JJ』1986年 4月号／©光文社

『JJ』の表紙を飾ったことも。なかなか日焼けが落ちなくて、ヘアメイクさんに怒られたり（笑）。撮影ではお嬢様系のファッションが多めでした。

History of Towako Kimijima

1995
12月18日に結婚
翌年、芸能界を引退して
主婦に

1997
長女誕生

1998
雑誌『25ans』で結婚後初めて美容の取材を受ける

2001
次女誕生
『フェリーチェ青山』をオープン

2003
各雑誌で特集を組まれるように
長女お受験

マスコミに追われ嵐のような日々でしたが家庭内はいたって平和でした。7ヵ月ほど夫の両親と同居した後、都内のマンションに引っ越し。

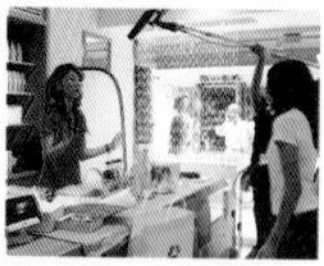

(右) FTCの前身となったセレクトショップ。この頃は、仕事と育児・家事の両立で毎日があっという間に過ぎました。(左)次女と海にて。

©『Marisol』2007年11月号／集英社
撮影／玉置順子(t.cube)

2007

2002

©『FRaU』
2002年3月12日号
／講談社

2010

©『MAQUIA Royale』
2010年5月号
／集英社
撮影／篠山紀信

多くの女性誌で取り上げていただけるように。肌が弱くて悩んだ女優時代から集めてきた美容情報を披露した『FRaU』の特集。『Marisol』ではエイジングケアについての連載を。『MAQUIA Royale』ではカバーを務めさせていただきました！

1998

©『25ans』1998年8月号

取材は家庭の事情のことを全く聞かれず、美容のことだけだったのが本当に嬉しくて。しかも反響が大きく、その後の礎に。『やっぱり「白肌」がイノチ！』という美肌特集でした。

History of Towako Kimijima

2004
コスメーカー『ＦＴＣ』誕生

2005
『ＵＶパーフェクトクリーム』が空前の大ヒット

2007
次女お受験

2009
『ＦＴＣ』の会報誌創刊

2016
50歳になり、出版ラッシュ！

2019
公式インスタグラムをスタート

2021
ＹｏｕＴｕｂｅ『君島十和子チャンネル』開設
『ノブナカなんなん？』等、多くのＴＶ番組に出演

2023
アラ還になって、メディア取材殺到

ブーム再燃！

撮影／本多佳子

50歳になって、嬉しいことに書籍を何冊も出版できました。美容だけでなく、ライフスタイルや人生観についても書きました。(右)『十和子道』／集英社 (左)『私が決めてきたこと』君島十和子／KADOKAWA

©テレビ朝日『ノブナカなんなん？』(2021年10/20 OA)

50歳を過ぎてからも、YouTubeやインスタライブといった新しいものにチャレンジ中。2021年には、バラエティ番組で人生初のバンジージャンプを経験しました。

初めて開発した『UVパーフェクトクリーム』が大ヒット。口コミで人気が広がり他の製品開発のきっかけに。会報誌も制作するようになり、より密度の濃い美容情報を発信。

Contents

CHAPTER 1

仕事をしている自分が一番〝自分らしい〟……020

CHAPTER 2

十和子ごはん

子どもに思うこと

十和子家事のススメ

CHAPTER 3

CHAPTER 4

いつだって最高の自分でいるために

CHAPTER

1

Thoughts on Career

仕事をしている自分が一番“自分らしい”

まだ共働きが当たり前ではなかった時代、
子育てをしながらお仕事をしていることについて
思い悩んだこともあります。理想と現実の違いに
涙したことも。だけど、仕事があったからこそ、私は
私らしく生きてこられました。この章では私の仕事への思いや
家事・育児との両立についてお話ししていきます。

My Lifework

［私のライフワーク］

Thoughts on Career

共働きが当たり前ではなかった時代に出会えた天職。アラ還になった今も、リタイアなんて考えられません。

結婚前、女優のお仕事をしていた頃から大の美容好きでした。今のように化粧品やお手入れの情報が簡単には手に入らない時代でしたが、ヘアメイクさんなど詳しい方に聞いたり、雑誌を熟読することで知識をコツコツと増やしていました。そんな私が結婚、出産を経て、今では美容を通して皆さんの美をサポートする仕事をしている。ときどき、運命といいますか、この幸せな巡り合わせに不思議な気持ちになることもあります。

まだ共働きが当たり前ではなかった頃から子育てをしながら、20年以上もの間仕事を続けてきました。今では娘たちも成人してすっかり手がかからなくなりましたが、まだ小さな頃は毎日、目が回るような慌ただしい日々でした。朝起きた瞬間から、今日の食事はあれを作って、仕事ではあの案件を進めて……、夕方になったら娘の習い事の送り迎えでいったん会社を抜けないといけません。そんなふうにして、時間があっという間に過ぎていきました。ですが、『辛い、もうやめたい』と思うことは一度もありませんでした。自分が培ってきたもの、そして感性をフルに使ってまだ世の中にない新しい製品を開発すること。そしてお客さまに自分なりの言葉で製品の魅力を伝えること。どちらも何年経っても飽きることがなく、ずっと楽しいまま。まさに〝天職〟なんですよね。
先日、インタビューで〝リタイア〟について聞かれたのですが、考える前にすぐに出てきたのが「考えていません」という言葉でした。30代、40代、50代と自分の肌や身体に起こった変化を見逃さず、検証して、それを活かして皆さんに最適な美容についてお伝えする。成分の知識を今よりももっともっと深めて、FTCの製品づくりに還元する。やりたいことが後から後から溢れ出て、今でも『身体が二つあればいいのに』と思ってしまうほどです。なのでリタイアはまだまだ考えられません。ただ、私が伝えるべきことを皆さんにすべてお届けできたと思える日がいつか来たら、夫と世界中を旅したいです。
そんな夢は持っています。

十和子さんの オフィスでの一日

9:30 オンラインで仕事スタート

- コールセンター／本社スタッフと朝礼
- メールチェック
- 社員とスケジュール確認

メールはこの時点で不要なものと残すものを仕分けして、その後の仕事の効率をアップ。

11:00 出社

打ち合わせ

試作品チェックや外部の方との打ち合わせなど出社後は息つく間もないほどの慌ただしさ。

SNS撮影

ファンの方に近況をお知らせするSNSの更新は頻繁に。撮影は光がキレイな場所を選びます。

14:00 ランチ

15:00 デスクワーク

リモート会議やアンケート回答

雑誌やTV出演の前には、かなり細かくアンケートに記入します。最近はリモート会議も増え、分刻みのスケジュールになることも。

18:00 終礼

18:30 退社

My Lifework

[私のライフワーク]

Thoughts on Career

子育て中はとにかく時間が足りません。だからこそたどり着いた効率的なお仕事法は今でも実践しています。

仕事でも家事でも、思いもかけないアクシデントはつきもの。そこに子育てが加われば、さらに予定はくるいやすくなります。毎日のタスクを完璧にこなせる方も世の中にはいらっしゃるのかもしれませんが、残念ながら私にはできません。だけど、そこで『どうして私はダメなんだ』と悲嘆にくれたところで何も解決しません。大切なのは「開き直りの精神」と「効率化」。これにつきます。

私が最も大切にしているのは、時間配分のルール。例えば企画書を書く場合、クオリティを最重要視したら決めた時間内に終わらせることが難しくなり、他のタスクがどんどん後ろ倒しになってしまうでしょう。だからこそ、一つ一つの作業にかける時間やタイミングを決めて、その枠内で完結するようにしています。

まず通勤中に一日の予定を確認して、社長である夫と予定を擦り合わせておきます。朝のメールやSNSのチェックは30分以内に終わらせます。この作業

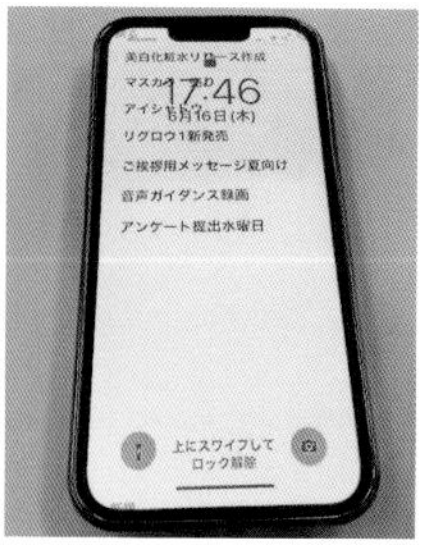

ある日のロック画面。ズラッと並んでいたタスクのリストが徐々に短くなっていくのを見るのは爽快です。優先順位は、取引先案件、自社案件、家庭案件の順です。

はついつい時間をオーバーしてしまいがちなので、最近はスマホでタイマーをかけておくようにしています。また、毎日のTO DOをメモに書き出し、それをスクリーンショットしてスマホのロック画面にするのも日課です。一つのタスクを終えるごとに書き直して再び撮影→ロック画面に再設定を繰り返します。リマインダーだといちいち開かないとチェックできないので、スマホを触るたびに目に入るこの方法が私的にはベスト。完了していないタスクは最後まで残っているため、見落としもありません。ただし、たとえタスクが消化できなくてもクヨクヨしません。予定通りにいかないのも仕事のうち。責任感を持つのはいいことですが、気持ちが疲弊しないようにストレスマネジメントすることも必要です。働き続けていくために、自分を責めないメンタルも大切にしています。

Office Desk

ニュートラルな状態で仕事ができるようにオフィスはミニマム＆シンプルなインテリアで統一。デスクの上には基本物は置かず、退社する際に必ずロッカーにしまいます。棚に置くのもAIRROBOの加湿器、CHLOshの除菌スプレーなど必要最小限。

Thoughts on Career

働くことへの「罪悪感」……。産む前のように働けない「もどかしさ」について。

娘たちがすっかり大きくなった今でも、街中のカフェなどで、小さなお子さんをあやすお母さんを見ると少しだけ切ない気持ちになります。夕方が近づくと、ソワソワした気持ちになることも。それはきっと、育児と仕事の両立に奮闘していた頃の名残。働いているから、専業主婦のお母さんたちみたいに、存分に娘たちのそばにいてあげられない。その罪悪感から『私はダメなお母さんなのでは？』そんな自問自答を繰り返す日々だったのです。

子育て真っ最中の頃は、仕事を終えて帰宅し、夕食の準備を始める夕方が一日のうちで最も辛い時間でした。疲れているからではありません（もちろん肉体的にもクタクタでしたが）。『小さな子どもがいるのに、今日も夕食が遅くなってしまう』、そんな罪悪感でいっぱいだったのです。子ども時代、私の家では夕方6時には必ず食卓に温かいご飯が並んでいるのが日常でした。母は専業主婦だったので、その時間に食事を用意することができたんですね。一方、母となった私が夕食を作り始めるのは、仕事を終えて大急ぎで帰宅した後。どんなに急いでも7時過ぎで、仕事が長引いた日は、もっと遅くなることもありました。夕食が夜8時を過ぎてしまうことも多々あり、いつもとにかく焦っていましたね。食事の支度中、娘たちがテレビ番組のグルメ特集を観ているだけで『よっぽどお腹が空いてるのね、かわいそうに』なんて暗い気持ちになったりもしました。だから当時は、仕事を終えて家に向かう車の中で夫に「今日、夕ご飯何にしようか?」と聞かれることさえ辛かった。もちろん、夫に他意はありません。働く母に育てられた夫は、育児にも家事にも協力的で、働く母である私を常に応援してくれていました。育児も家事も『やれるほうがやればいい』というスタンスで、何かができていないと責めたことなど一度もなかったのに。

また一緒にいてあげられない罪悪感から、過保護になってしまったり、甘やかしてしまうこともありました。アン・ハサウェイ主演の『マイ・インターン』という映画があるのですが、その中で、子育てをしながらバリバリ働く主人公の娘さんが、専業主婦のお母さんを持つお友達の誕生日会に呼ばれるシーンがあります。手作りのお菓子でもてなされた娘さんが帰宅後、「私は作ってもらえない」と主人公に言うシーン、何回見ても胸がチクッと痛みます。私自身、娘たちが小さな頃には手作りのお菓子なんて作る余裕がなかなかなかったものですから、主人公に自分を重ねて毎回ショックを受けてしまうんですよね。当時はその後ろめたさから、『手作りお菓子が作れないなら、並ばないと買えないお菓子を買ってあげたい』なんてことも思っていました。一時期行列で話題となったクリスピー・クリーム・ドーナツが上陸したときなんて、仕事の合間に並んで手に入れて、真っ先に食べさせたことも。お友達が持っているおもちゃは全部買ってあげたいと、品薄なものでもなんとかして手に入れていましたし、冬には風邪を絶対に引かせないようにものすごく厚着をさせて、家中に加湿器と暖房をつけていました。夏休みなど長い休みには、無理をしてでもスケジュールを調整して海外旅行へ。寂しくないように、悲しくないように、快適であるように。娘たちが小さい頃は、そればかりを考えていました。今思うと、かなり過保護でしたね。だけどそうすることで、仕事で一緒にいてあげられない時間を埋めたかったのです。

誰に何を言われても、時代が変わっても、子どもを愛しく思う限り、働く母が抱くこの罪悪感はきっと、ゼロになることはないのでしょう。だけど、もっと気持ちを楽にしていいんですよ、お子さんはわかってくれていますよ、と伝えたい。後輩のような、妹のような、今、子育て真っ盛りのお母さんたちを見ると強く思います。大きくなった娘たちと話してわかったことなのですが、当時のことはほとんど気にしていないのです。例えば一緒にいる時間の長さ。私は家を空けていることに対して申し訳ない気持ちでいっぱいでしたけど、子どもたちは実にのびのびと、家で楽しく過ごしていたようです。そして何より、一緒にいる時間が短くても、手作りのお菓子を作れなくても、愛情が少ないわけではない……。それを子どもたちはちゃんとわかってくれていました。お母さんが伝えるべきは、「ごめんね」ではなく「大好きよ」なんです。

子どもたちに対して罪悪感を抱く一方で、産む前みたいに思う存分働けないもどかしさに悩んだこともありました。一緒に働く人たちに、申し訳なく思ったりして……。だけど、働き方の正解は一つではないと今ではわかります。専業主婦になるのか、ワーキングマザーになるのかの選択にはじまり、フルタイムで働くのか、時短にするのか、正社員なのかそうでないのかなど、選択肢は実にさまざま。どちらを選ぶかも、環境やタイミング、パートナーのご意見、お子さんの性格、そして自分の気持ちまで、さまざまな要因に左右されます。だからこそ、どんな選択をしても間違いではないし、ご自分を責めなくていいですし、堂々としていていい。そのため、他の人の考えや選択も否定してはならないと思うのです。

娘たちが小さかった一時期、私は時短勤務をしていました。これは夫と話し合い、我が家のスタイルとして選択したこと。当時は娘たちが幼稚園や学校にいる間だけ出社して、その後は自宅へ。ただし、仕事量を減らしていたわけではありません。いわゆる〝在宅勤務〟状態でオフィスにいるのと同じように働いていました。それでも、『全力で仕事をしない人だ』と見られてしまったこともありましたし、それを嫌がり、離れていった人もいました。当時はショックでずいぶん落ち込みました。ですがその経験を通して学んだのは、考え方は人それぞれで、悩んだところで何も解決しないということ。当時の我が家にとって、私が時短で働くことは必要なことでした。家族で話し合ってそう決断したわけですから、何を言われようとも全うするしかないのです。かといって、『あなたには関係ないでしょ』や、『何も知らないくせに』とも考えませんでした。そういう考えもあるのかと学ばせていただいた、と気持ちを切り替えるようにしていました。それに、子どもたちもずっと赤ちゃんのままではありません。いずれ、〝産む前〟と同じように、いえ、ままならない子育てという経験を積んだ分、より一層フルスロットルで働ける日は必ずやってきます。

今思い返すと、共働きのワーキングマザーだった私の子育ての日々には、失敗もたくさん。運動会の当日に絶対に外せない撮影をうっかり入れてしまって、なんとか午前中で終わらせてパーティーに行くような〝盛りヘア〟で登場してしまったり、遠足の日にちを間違えたり……。当時はずいぶん落ち込みましたが、今では笑い話。どんな悩みも永遠ではありません。この体験を通して学んだことです。

Thoughts on Career

お仕事メイクとファッションは「イタく見えない」アップデートが必要です。

お仕事で人とお会いする場合、私個人としてではなくFTCを代表して会うわけですから、やはり品、きちんと感、TPOを大切にしています。さらに、ただちゃんとしていればOKというわけではなく、トレンドを取り入れることを意識しています。

私が10代の頃は、今見たらびっくりするような、ものすごい太い眉毛やヴィヴィッドなピンクの口紅が流行の最先端でした。ファッションもいわゆる〝ボディコン〟と呼ばれるワンピースやスーツ。このように、トレンドは刻々と移り変わっていくもの。美容情報を発信する者として、トレンドの変化には敏感でありたいと思っています。参考にしているのは、美容雑誌、ファッション雑誌、YouTubeなどのメイク動画。雑誌は自分にジャストな世代のものだけでなく、10代、20代の方向けのものもチェック（これは美容院でまとめて読みます）。さらにIVEのウォニョンちゃんをはじめ、若いアイドルの女の子のメイクもチェック。インスタの画像を拡大して研究していると、よく娘に「何になろうとしてるの……？」なんて不審がられもしますが（笑）。もちろん、それをそのまま真似はしません。ただ、今はどんなものが〝キレイ〟とされているのかをちゃんと把握して、自分の世代でも取り入れられるもの、そうでないものを取捨選択したいのです。大粒のラメだと大人の目まわりに発生するシワに埋もれてしまうなら、サテンのような輝きのパールにする。ファッションも流行のデザインをそのまま取り入れるのではなく、腕や脚が隠れる丈のものを選ぶなどして露出度の調整をしています。また肌作りの要、ファンデーションはシーズンごとに新作を積極的にトライ。やはり最新のアイテムは色や質感にトレンドがぎゅっと詰め込まれています。それを使うだけでも、今っぽい顔になれるのです。残念ながら、大人が流行をそのまま取り入れてしまうと、〝イタく〟なりやすいのですが、かといって、ずっと変わらないのも古い印象になりますし、なにより自分が楽しくないですよね。だからこそ、こまめに自分と〝時代《いま》〟を見比べて、メイクとファッションのアップデートを。その中でもプレゼン、会食、デスクワークなど、シチュエーションに合わせて少しずつ装い方を変えています。

イベントではセルフメイクが多いですね。ヘアスタイリングだけはプロにお願いすることが多いのですが、衣装もメイクも気分とTPOに合わせて自分で決めています。インスタライブももちろん、自分メイク。

お仕事メイク

Scene 1

デスクワークの日

ミニマムなメイクで仕事に没頭します

社外の方との予定がない日のメイクはミニマム。肌は薄膜、眉やまつげもさらりと仕上げて、リップもベージュでニュートラルに。顔の上が軽やかなほうが、余計なことを考えずに仕事に没頭できます。パンダ目になりにくく、カール力に優れたマスカラなど、メイク直しをしなくてもいいアイテムに頼るのも大事。とことんデスクワークに集中できます。

メイクのアップデートのため、旬のカラーのシャドウやリップに挑戦することも。周囲に感想を聞いたり、自分としても違和感がないかをチェックして、判断しています。

How to make up

【BASE】下地（3）をごく薄く顔全体にのばしたら、頬にファンデーション（2）を少量のせる。広い部分に指で均一に、薄くのばし、指に残った分で目まわりをカバー。パウダー（6）を全体にふわりと薄膜にのせてくずれを防止。クマなどが気になる場合には、パウダーの前に明るめのオレンジ系のコンシーラーを薄く重ねて。【EYE】上まぶたのキワにアイパレット（1）のbでラインを引く。目尻は5㎜ほど長めに。cを淡く二重幅にのせたらアイホール全体にaを重ねてまぶたの立体感を強める。上まつげをアイラッシュカーラーでしっかり上げてから、上下のまつげにマスカラ（7）をさらりと一度塗りする。

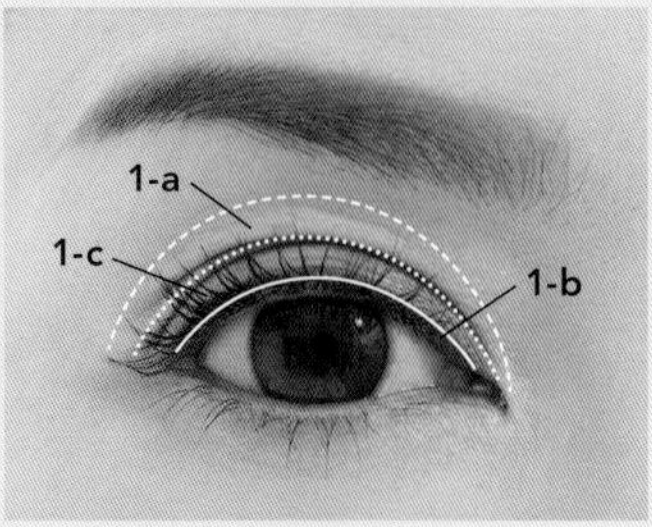

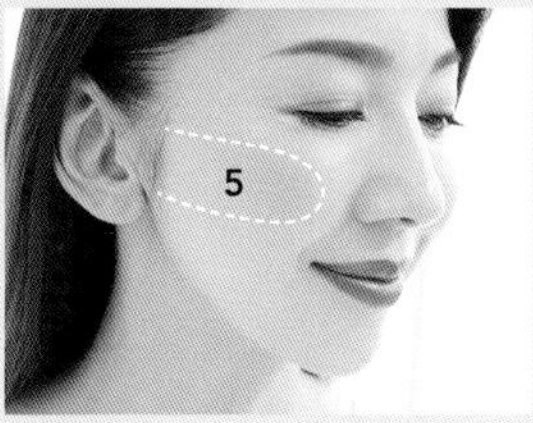

【CHEEK】チーク（5）を大きめのブラシに取り、頬骨の幅に横長にふわりとぼかす。ベースを薄膜に仕上げているので、チークも淡めが正解。
【LIP】マットな質感のピンクベージュリップ（4）の端正な雰囲気を活かすため今回はブラシ塗り。唇の輪郭通りに丁寧に塗り広げる。

Items Used

1. まぶたになじむカラーがさりげない陰影に。リラックスムードの中に洗練された雰囲気が漂うヌード系パレット。アイ カラー クォード 3A ￥12650／トム フォード ビューティ **2.** 70%以上ものスキンケア成分を配合したみずみずしいリキッドファンデーション。空気中の汚れから肌を守りながら潤いキープ。フレッシュなツヤ肌に。ライトリフレクティング ファンデーション 30㎖ 全15色 ￥6930／NARS JAPAN **3.** 優れた光の反射＆拡散効果で透明感を高めるメイク下地。ピンクトーンのテクスチャーでまろやかにトーンアップ。コントロールベイスe ピンク SPF25・PA＋＋ 20g ￥3300／イプサ **4.** ピュアな血色×グロウパウダーでむっちりとしたツヤを演出。ヌードな色みがリラックス感を、マットな質感が洒落感を導き出す。ルージュ ディオール バーム 200 ￥5170／パルファン・クリスチャン・ディオール **5.** ローズグロウパールを配合し、まるで素肌のようなイキイキとしたツヤを表現。ほのかな血色を感じさせる発色でハイライトとチーク、2つの効果を発揮。ブラッシュ カラー インフュージョン R1 ￥4180／ローラ メルシエ ジャパン

どのシーンでも
使う定番アイテム

6. スキンケア成分入りでしっとり。ピンクトーンで自然な明るさを肌に宿す。FF マイクロスムースパウダー クリスタリュクス ￥6270、**7.** パンダ目になりにくいフィルムタイプ。長さもボリュームもしっかり出せる。ザ・トワコイズム マスカラ カール パーフェクション ピアノブラック ￥4950／FTC

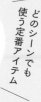

お仕事メイク
Scene 2
大事なプレゼンの日

新しさと進化を伝える"ちょい攻め"メイク

プレゼンの日のメイクは、単にきちんと見せるだけではダメ。新しさや進化をお伝えできるように、トレンドやエッジをひとさじ加えて、少しだけ攻めたメイクを心がけています。例えば締め色には定番の黒やブラウンではなくカーキを。目元をしっかり際立たせながら、こなれ感を出せます。また、肌はソフトマットで。プレゼンの会場となるオフィスや会議室は蛍光灯の場合が多いので、肌のツヤがテカリに見えやすく、凸凹などのアラが目立ちやすいツヤ肌は避けたほうが無難なんです。オンラインの場合も同様です。

How to make up

【BASE】トーンアップ系の下地を全顔に塗り、ファンデーション（**2**）を顔の内側から外側にのばす。目の下などのカバーしたい部分や明るさが欲しい部分には薄く重ね塗り。ピンクラベンダーのパウダー（p33の**6**）を顔全体に重ねてフィックス。【EYE】**4**の**b**を上まぶたのキワにライン状に引いて締める。目尻は目のフォルムに沿って5㎜延長。**d**を二重幅と下まぶたの目尻から1／3まで、**a**を目頭から黒目にかけて淡くぼかす。**c**をまぶた全体に重ねてニュアンス＆陰影を出す。上まつげを上げてから、上下のまつげにマスカラ（p33の**7**）を、しっかり瞳に光が入るように重ね塗り。

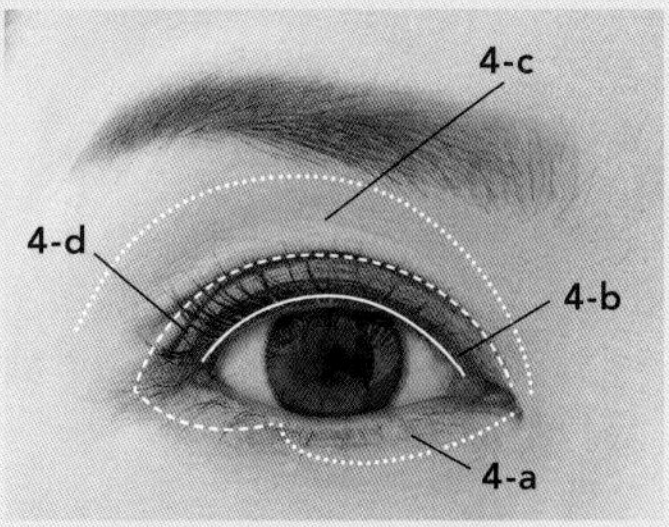

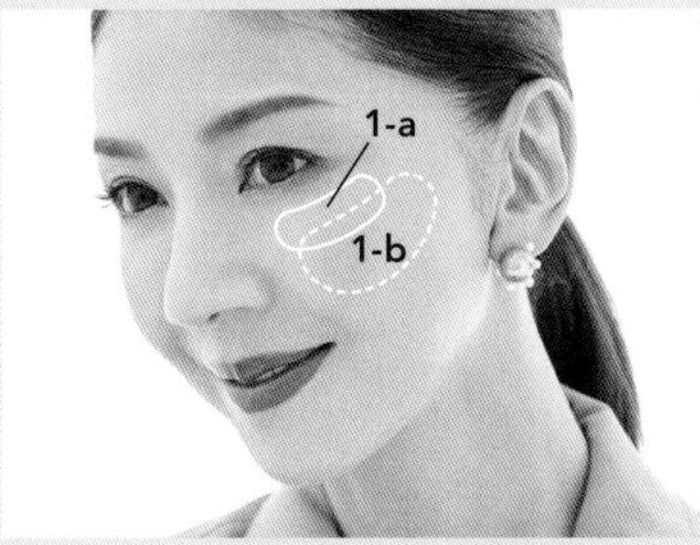

【CHEEK】チーク（**1**）の**b**を頬の高い位置からこめかみに向かってやや引き上げるようにしてふんわりのせた後、**a**を目の下に横長に淡くぼかして、目まわりのくすみを払拭。【LIP】リキッドリップ（**3**）のチップを使って唇の輪郭通りに丁寧に塗ったら、乾く前にリップブラシを唇全体にすべらせて、ムラなく均一に整える。

Items Used

1. 微細なパールが発光するようにツヤめくピンクチークとヘルシーな血色を宿すオレンジチークの2色セット。ソーラーグロウ イルミネーティング パウダーデュオ N2.1／ドルチェ&ガッバーナ ビューティ（私物） **2.** 極薄仕上げなのにカバー力はしっかり。重ねてもなめらかで、湿度を感じるソフトマット仕上げ。ゼン ウェア フルイドSPF25・PA++ 30ml 全40色 ￥6600／コスメデコルテ **3.** まるで無重力。軽やかで薄膜なマット質感。黄みを帯びたくすんだオレンジカラーでこなれ感を演出。ザ マットリップ リキッド Jupiter Clouds ￥3520／アディクション ビューティ **4.** 今回締め色に使ったカーキが秀逸。重くなることなく、目元に強さを与えてくれる。他の色もラベンダーや深みのある赤など一見難しそうな色合わせだが、透き通るような発色で重ねても濁らない。シグニチャー カラー アイズ 09 ￥7700／SUQQU

お仕事メイク

Scene 3

会食がある日

“お話しできて楽しい”気持ちをメイクに込める

せっかくお時間を共にさせていただくわけですから、仕事の一環とはいえ、『距離感を縮めたい』という気持ちを常に持ち、それをお伝えできるようなメイクやファッションを心がけています。

よく取り入れるのが、プレゼンなどでお会いするときと変化をつけるため、目元に色を効かせたメイクです。大人におすすめなのが、赤み系カラー。肌なじみもいいですし、華やかさも出しやすいのです。お化粧直しがなかなかできない場合が多いので、乾燥しにくいファンデーションと仕上げのパウダーは必需品。

How to make up

【BASE】ピンクトーンの下地で明るさを仕込み、ファンデ(3)をブラシ塗り。薄膜に仕上げることで、くずれにくく。気になる部分は少量重ねてカバー。ピンクラベンダーのパウダー(p33の6)を全体にのせてさらにくずれを防止。【EYE】5のbをアイホールと下まぶた全体にブラシで淡くのせる。c、dも同様に薄く重ねて、奥行きを出す。aを上下のまぶたのキワにチップで細くぼかして、柔らかく締める。上まつげをしっかり上げてから、上下のまつげにマスカラ(p33の7)を塗って長さを出す。

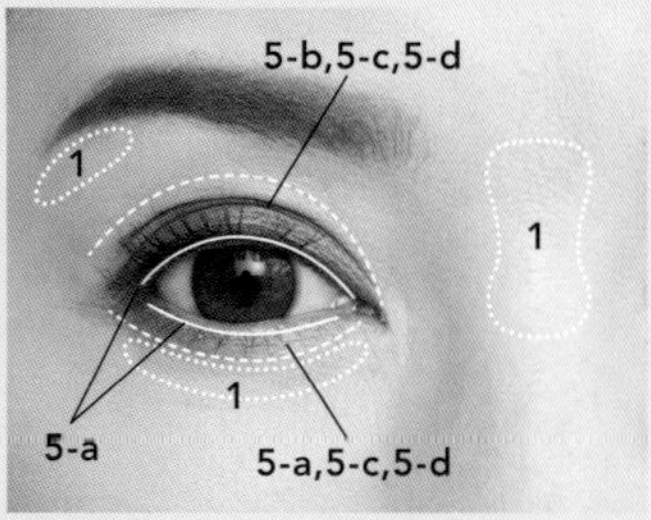

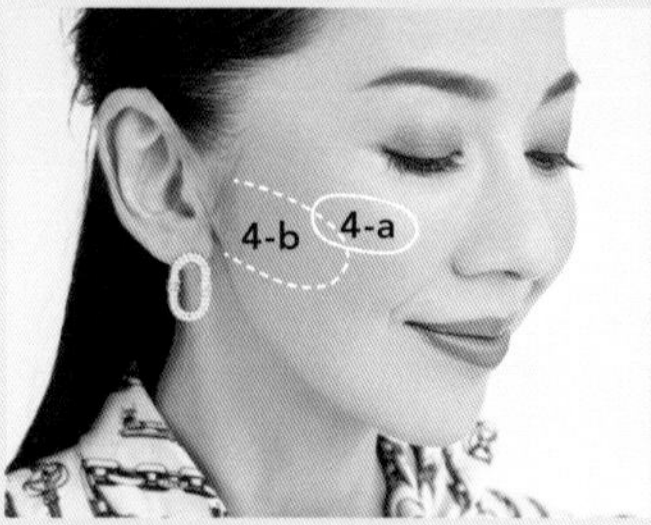

【CHEEK & HIGHLIGHTER】チーク(4)のaを頬の中央に横長の楕円形にふんわりとぼかして血色を仕込んだら、bを頬骨のやや下からこめかみに向かって引き上げるようにぼかして、シャープな輪郭に。鼻根と眉下、下まぶたのやや下にハイライター(1)を薄く仕込み、華やかなツヤ感をプラス。【LIP】クリーミィなマット質感を活かすため、リップ(2)を直塗りする。輪郭通りに塗ったら、指で軽く押さえてなじませる。

Items Used

1. リュクスなツヤを宿すハイライティングパウダー。201はピンクやパープルのパールを配合し、明るさと透明感を演出。ル・レオスールデクラ 201 ¥9350(編集部調べ)/クレ・ド・ポー ボーテ **2.** 乾かないマット質感で唇のシワを目立たせることなく、ふっくら。絶妙なくすみを含んだシアーなピンクが今っぽい。シアー マット リップスティック 13 ¥5500(セット価格)/SUQQU **3.** 薄膜なのに肌のアラをしっかり隠す"透き通るカバー力"を持つ名品。ロングラスティング クリームファンデーション SPF21・PA++ 32g 全9色 ¥8800、**4.** 大人に似合うピンクチーク。上部のピンクが明るさを宿し、下部のベージュがナチュラルに骨格を際立たせる。コンスピキュアス チークス 12 ¥7480/アンプリチュード **5.** 赤み系のブラウンには肌色を美しく見せる効果も。ザ アイシャドウ パレット Hidden Copper ¥6820/アディクション ビューティ

十和子さんのリアル私服

お仕事ファッション10days

1 デスクワークの日

仕事に没頭できる
シンプルスタイル

2 大事なプレゼンの日

きちんと感の中に
トレンドをひとさじ

3 会食がある日

華やかさと上品さを
意識して

1.パトゥのワンピースはそのままだとかなり短いので、ルルットのタイトなパンツを合わせてチュニック風に。ボッテガ・ヴェネタのイエローのパンプス、エルメスのバングルと。**2.**ベーシックなカラーだけどエッジの効いたデザインのワンピースはジル サンダー。ザラの白いブーツ、シルバーのエルメスのネックレスとミカジュエリーのピアスでシャープさをオン。**3.**ルイ・ヴィトンのワンピースは、エルメスのロングブーツを合わせることで脚が見える分量を調整。寒い時期にはタイツを合わせて防寒を。ピアスはセルフォード。

4. 外出の日。コエルのブラウスにエルメスのジレをレイヤード。重ねるだけで雰囲気が変わるジレは１枚あると便利です。**5.**きちんと感のある紺のジャケットもお仕事の日によく登場するアイテムです。この日はエレガントな雰囲気にしたくてスカートを合わせましたが、白いパンツでハンサムに着こなす日も。ジャケット、トップス、スカートすべてシャネル。**6.**ブルゾンはディジット。パンツはザラ、ブーツはシャネル。ハイブランドに若い人向けブランドをミックスするのも好きです。髪もラフに仕上げてバランスよく。**7.**原料の畑を視察した日。ユニクロのダウンとブーツにA.P.C.のパンツと、こんなふうにとことんカジュアルなスタイルを楽しむ日も。シンプルなデザインのユニクロは大人も十分に満足できるクオリティ。**8.**主張する柄でも上品さを失わないのは、エルメスならでは。トップスとスカート、どちらもエルメス。**9.**表参道で人気の「リナストアズ」前にて。ヴァレンティノのジャケットはひとクセあるデザインでコーデのアクセントになります。ソージュのインナーとSEVEN TENのスカート、エルメスのバッグでモノトーンコーデに。**10.**ネイビーのニットはシャネル、ネックレスとパンツはエルメス。シューズはマノロ ブラニク。

4

5

6

7

8

9

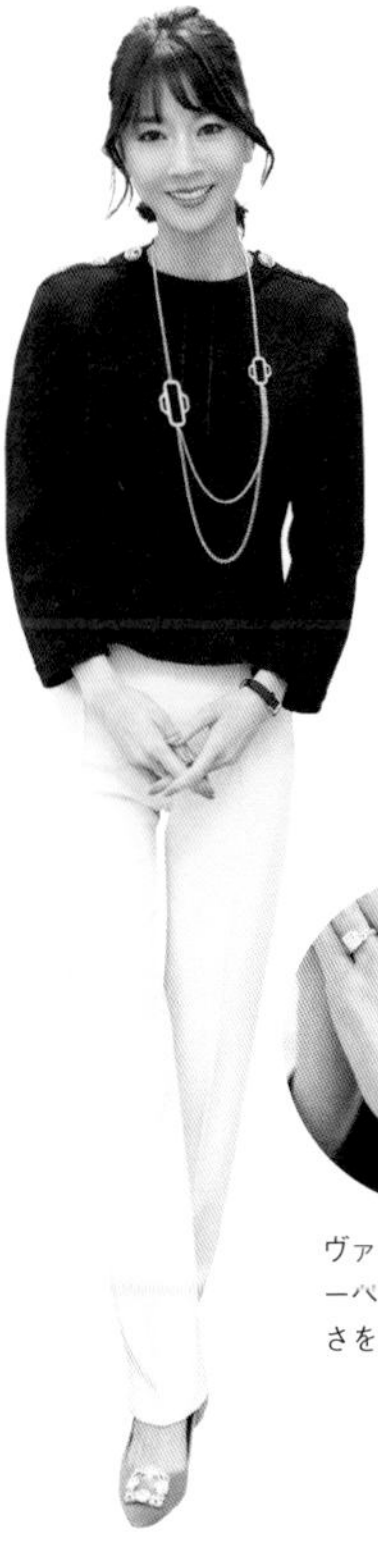

10

ネイビー×ホワイトの
大人なマリンスタイル

Zoom!

ヴァン クリーフ&アーペルの腕時計で甘さをひとさじ。

バッグやポーチに求めるのは 上質さと機能性、そして自分らしさ。

What's in my bag

1.ハンカチ類は何度洗濯してもへたらない丈夫さと柄のデザインが好きなフェイラーや、上質なレースとデザインの和光のオリジナルが定番。2.エルメスのポーチにはハンカチや常備薬をIN。3.シリカビヨンドのお水。人前でペットボトルでいただくのは少しはばかられるのでパウチタイプを携帯しています。4.ヴィヴィッドピンクのリーディンググラスはダブルアイス。サングラスはシャネル(ケース付き)。5.メイクのチェックに欠かせない拡大鏡は帝国ホテルのショップにて購入。6.AirPodsとスマホのケースはシャネルのブラックでお揃いに。7.お財布は両方ともエルメス。いつも一粒万倍日に新調して1年使ったら少しお休みします。8.香水はITRIMのオードトワレ、凜(限定非売品)。名前のイメージ通りの香りも好きですが小さめのサイズ感も魅力。9.メイクポーチはエミリオ・プッチ。10.鮮やかピンクの名刺入れはエルメス。11.Macのノート PCはゴールドをチョイス。12.ステーショナリーもエルメス。付箋はちょっとしたギフトとしても使います。13.エルメスのスクエアポーチをPCケースに。キャッチーなロゴに一目惚れしました。

↓エルメスのバーキン35。マチがしっかりあって丈夫、見た目以上に大容量。ケースに入れたMacBook Airがすっぽり入るのも◎。

Today's Towako's Fashion

↗コートはクロエ、ドレスはジャンバティスタ ヴァリ、ブーツはザラ。この日はFTCのイベントでしたのでいつものバッグの他に、コスメを入れたリモワのキャリーバッグを。

What's in
my make-up pouch

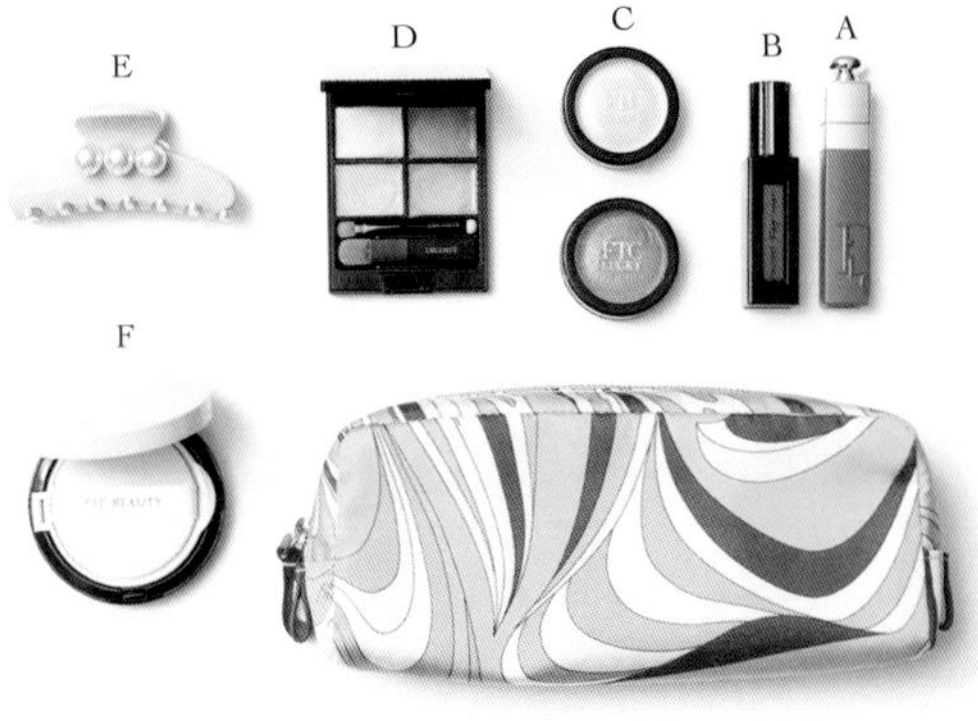

メイク直しは精鋭アイテムたちで。**A.** 色持ちのいいリップを常備。ディオールのディオール アディクト リップ ティント 351。**B.**しっとり乾かないマット質感。コスメデコルテのルージュ デコルテ リキッドの18。**C.**まぶたがくすんだときにも重宝するシャンパンベージュと立体感を引き出すブラウンシャドウは、FTCのセラムースアイカラー。どちらも繊細なパール入り。指でサッとのせるだけでOK。セラミド配合で乾燥対策としても使います。**D.**コスメデコルテのトーンパーフェクティング パレット 00は肌なじみのいい、ブライトなカラーで、目尻や口角などのお直しにも活躍。**E.**デスクワークのときなどに髪をまとめるのに便利なアレクサンドル ドゥ パリのヘアクリップ。**F.**ラベンダートーンで、疲れた顔色に一瞬で透明感と明るさが戻る、FTCのFFマイクロスムースパウダー クリスタリュクス。超軽量・微粒子パウダーで、肌をサラサラに整えるのに、ツヤが消えないところが優秀。

40代までは可愛いものが大好きでした。そういうものを手に取るだけで気分が華やぎましたし、それが私らしさだったのです。それが50歳になった頃から、エッジの効いたデザインが気になるように。例えばピンクの小物を選ぶ際にも、甘いムードの淡いピンクではなく、鮮やかなものに惹かれたりして。ちなみに老眼鏡もヴィヴィッドピンク！ どうせかけなければならないのなら、気分が上がるものを選びたかったのです。以前ＹｏｕＴｕｂｅでコラボさせていただいたスタイリストの大草直子さんもおっしゃっていた通り、実は私の本来の性格は、好奇心もエネルギーもかなり旺盛。年齢を重ねるにつれて、自分らしさも少しずつ変わってきているのかもしれませんね。以前はとにかく荷物が多く、メイクポーチも巨大で、夫に〝工具箱〟なんて笑われていましたが、最近はかなりミニマムに。セルフメイクをする撮影などでなければ、ＰＣを入れてもバッグ一つで収まります。いくつになっても変化していく。それがとっても面白いのです。

ランチは落ち着けてパワーチャージができるところと決めています。

会社が表参道なのでランチスポットには事欠かないのですが、選ぶのは慌ただしさを一瞬忘れてホッと一息つけるような落ち着きと、お料理やお店そのものに楽しさがあってパワーチャージができるところ。お店の方の感じがいいことも大事ですね。〝茶酒　金田中〟は季節の食材が美味しい和食のお店。〝ブレッツカフェクレープリー表参道店〟はそば粉のガレットのお店で娘たちが小さい頃からのお気に入り。〝エンポリオ アルマーニ カフェ 表参道〟ではスタイリッシュな店内でミニコースを。どんなに忙しくても（もちろんできない日もありますが）、〝食べる〟ことをおろそかにせず、パワーチャージしつつ気持ちをリセット。そのほうが効率よく午後を頑張れる気がします。

Towako's Lunch Spot

気持ちリュクスな
ランチならココ！

**エンポリオ アルマーニ
カフェ 表参道**

㊟東京都港区北青山3-6-1オーク表参道1F　☎03-5778-1637
㊝11:00-20:00 https://www.armani.com/ja-jp/experience/armani-restaurant/

●お気に入りメニュー
セットメニュー（¥2600～）

食事系もスイーツ系も
両方楽しめる

**ブレッツカフェ クレープリー
表参道店**

㊟東京都渋谷区神宮前3-5-4
☎03-3478-7855 ㊝11:00～23:00（土日祝9:00～）　無休
https://le-bretagne.com/creperie/omotesando/

●お気に入りメニュー
ノルマンド（¥2180）

季節のお菓子と料理の
組み合わせも楽しい

茶酒　金田中

㊟東京都港区北青山3-6-1 オーク表参道2F　☎03-6450-5116
㊝11:30～22:00（ランチタイムは11:30～14:00）https://www.kanetanaka.co.jp/restaurant/sahsya/

●お気に入りメニュー
茶酒 金田中のランチ（¥3850）

Thoughts on Career ——

リフレッシュだって大事なお仕事。

ついつい根を詰めてしまいがちな私が気分転換をするためのアイテムをご紹介します。ノンカフェインのハーブティーやギルトフリーのおやつなどを厳選して常備しています。

1

2

3

4

5

Refreshing Items

1_ 「フルーツやお花のフレッシュで華やかな香りに癒やされています」CONSERVATOIRE DES HÉMISPHÈRESの紅茶／私物

2_ 「のどをケアするハーブティー」TRADITIONAL MEDICINALS Throat Coat（左）LEMON ECHINACEA、（右）ORIGINAL SLIPPERY ELM／私物

3_ 「カフェインフリーでしかもとっても美味しいんです」KUSMI TEA ハッピーマインド 100g ¥3888／ブルーベル・ジャパン

4_ 「ニュージーランド産“MGO573+”グレードのマヌカハニーを10%も配合」マヌカハニーキャンディ 72g ¥648／株式会社ソーキ

5_ 「塩、砂糖、油を不使用。10種類のスーパーフード入りのおやつ」昆布村 NutsKo 70g ¥840／能戸フーズ

CHAPTER

2

Precious Family

「正解」を探しながら
ずっと向き合い続ける。
大切な家族の存在

かけがえのない存在だからこそ、ときにはぶつかる
こともある。結婚して27年、母となって20年以上。
この章では、大いに悩みながら「正解」を探し続けてきた
家族についてお話しします。時間がない中で編み出した、
家族のための料理やお掃除のヒントもぜひ参考に。

Cooking
［ 十和子ごはん ］

Precious Family ——

家はホッとできる場所であってほしい。その思いが料理を頑張る原動力なのです。

私が料理を頑張ってこられたのは、家族に『家に帰るとホッとする』と思ってほしかったから。「おいしいね」と言い合いながら食べるお料理は、お腹だけでなく気持ちまで満たしてくれるもの。外で嫌なことがあったとしても、家に帰ればあなたをこんなにも愛している人がいるから大丈夫、ということを家族に料理で伝えたかったのです。ただし、平日に凝った料理は作りません。頑張ることと、ストレスになるほど無理することはイコールではありません。ピリピリしながら豪華な料理を作るより、できる範囲の頑張りを朗らかに続けるほうが、自分を含め家族全員が幸せなのではないでしょうか。

我が家の夕食は味噌汁、酢の物（これは夫の好物なので毎回作ります）、肉か魚のおかずが定番メニュー。味噌汁が具沢山なら、一汁一菜で済ませることもあります。欠かせないのは発酵食品。特に毎年知人のところで仕込む味噌と肉や魚の味付けに重宝する塩麴は必需品。発酵食品に含まれる乳酸菌を摂取することで腸活ができ、肌にも健康にも嬉しい効果をもたらしてくれますから。たとえ喧嘩をしていても、ご飯を食べるときは全員で「いただきます」と言うのが我が家のルール。娘たちも大きくなって、なかなか全員で食卓を囲むことはできなくなりましたが、この決め事はずっと守っていこうと思っています。

Towako Gohan

エプロンはフェイラー。華やかな柄と、ハンカチと同じく、何度洗ってもへたらない丈夫さがお気に入りのポイントです。

十和子ごはんルール

1. わびしくなければ凝ってなくてもOK!
2. 野菜と愛情はたっぷりと!
3. 欠かせないのは発酵食品

仕事が終わって帰宅した後に、30分以内でパパッと作れることが大前提。その代わりたっぷりの野菜と発酵食品を使うなど、腸活ができるようなメニューにこだわっています。お米は毎日ではなく食べたいときだけ。お鍋で手早く炊いています。

愛情たっぷり「十和子ごはん」

夫も子どもも喜ぶ簡単レシピ

Towako's Recipe

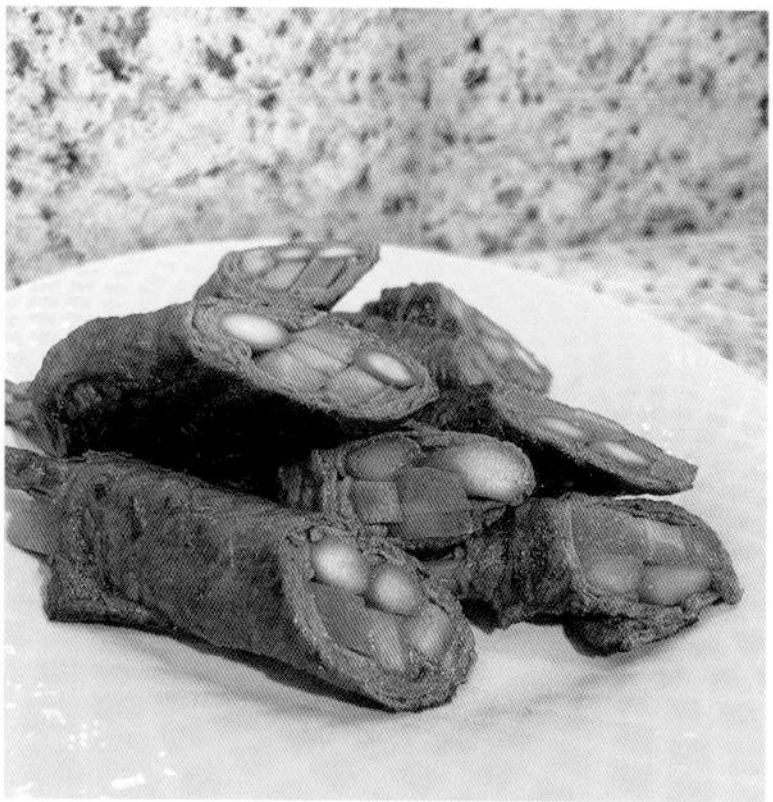

Recipe 1

野菜たっぷり肉巻き

すき焼き用の牛肉(豚肉でもOK)に塩胡椒しておき、にんじんとアスパラをレンジで2分加熱。それらを牛肉で巻いたら、油を熱したフライパンで焼いて、肉に火が通ったら砂糖、だし醤油、みりん、酒で作ったタレを絡める。

Recipe 2

厚揚げと小松菜の炒め物

厚揚げに熱湯をかけて油抜きをしたら一口大にカット。小松菜も食べやすい大きさに切る。フライパンにごま油を熱したら小松菜の茎部分から炒め、葉の部分と厚揚げを投入。薄口醤油と白だし、みりんで味付けする。

十和子さんのオススメ調味料

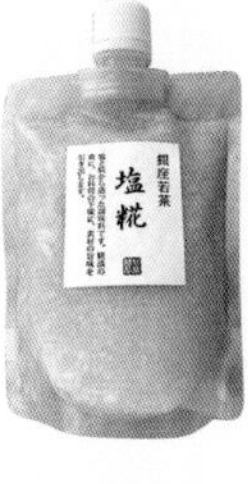

お漬物が人気の「銀座若菜」の塩糀。肉や魚の味付けだけでなく余ったお野菜を漬け込めば、一晩で美味しい塩麹漬けに！

バルサミコやオリーブオイルをお料理の味変に活用中。どちらもブランドは特に決めず、トリュフの香りつきなど、さまざまなタイプを試しています。

Recipe 3 ヘルシー ほうれん草餃子

ほうれん草を細かく切り、塩揉みしたら軽く水気を絞ってボウルに入れる。鶏ひき肉、卵黄、生姜、片栗粉、塩胡椒を加えて軽く練り、餃子の皮で包む。フライパンに並べお湯を少量入れて蒸し焼きにし、仕上げにごま油をたらり。

Recipe 4 きのこの バターにんにく炒め

一口大に切った鶏もも肉に片栗粉をまぶし、バターを落としてにんにくを熱したフライパンで、軽く焼き目をつける。さらにエリンギやしめじなどのきのこ類と冷蔵庫のあまり野菜（にんじん、長ネギなど）を投入して炒め、仕上げに醤油をひと回し。

Recipe 5 塩麹のロール鶏ハム

鶏もも肉を一口大に切り、塩麹を揉み込み30分〜1時間置く。鶏胸肉は皮を取り除き、繊維に沿って切り込みを入れて厚さが均一になるように開く。皮がついていた面に軽く塩胡椒してラップの上に広げ、その真ん中に鶏もも肉を並べてキャンディ状に包む。さらにラップを重ねてしっかり包んだら耐熱皿に載せ、レンジで4分半加熱。裏返してさらに4分。しっかり火が通ったことを確認し、冷めたら冷蔵庫で1時間以上冷やす。

Recipe 6 きのこの担々風豆乳そうめん

鶏ガラスープの素をお湯で溶き、練りごま、味噌、醤油を投入。豆乳を少しずつ加えよく混ぜたら冷蔵庫で冷やす。白ネギ、エリンギ、舞茸(以上A)は粗みじんに。フライパンにごま油を熱し、豚ひき肉を炒める。そこに生姜とにんにくのすりおろしを加えてさっと混ぜ、(A)も加えしんなりするまで炒める。味噌、砂糖、醤油、酒、豆板醤を加え水分がなくなるまで炒め粗熱を取っておく。そうめんを茹でたら冷水で締め、しっかりと水を切る。器に盛ったら冷蔵庫で冷やしておいたスープをまわしかけ、炒めた具、キムチ、小ネギをのせて完成。お好みでラー油をかけても◎。

Recipe 7

オクラときのこのとろとろお味噌汁

お好みのきのこ(数種類あるとベター)を小房に分けたら、それぞれを食べやすい大きさに切る。オクラは輪切りにしておく。鍋にだし汁を温め、きのことオクラを入れたら中弱火で沸騰しないように注意しながら火を通し、最後に味噌を溶き入れる。

Recipe 8

茄子とにんにくのお味噌汁

茄子は乱切りにする。小鍋に油とすりおろしにんにくを入れて熱し、弱火にして茄子を加える。しんなりするまで炒めたら、だし汁を入れて中弱火で温め、沸騰直前で火を止めて味噌を溶き入れる。小ネギをのせて完成。

Recipe 9

切り干し大根とキムチのアジアンスープ

切り干し大根はサッと洗って絞っておく(A)。干し椎茸は水でもどしてスライス(B)。鍋にごま油とにんにくのすりおろし、豚ひき肉を入れて、焦がさないように注意しながら豚ひき肉に火を通す。さらに(A)(B)とそのもどし汁、水、砂糖、鶏ガラスープの素、豆板醤、醤油、塩を加えて温める。沸騰直前で中弱火にし、そのまま沸騰しないように5分加熱。器に盛ったらキムチと小ネギをトッピングする。

Precious Family

やはり「親の先回り」は子どもにとっていいことではないと思うんです。

長く生きているぶん親には、子どもにはまだわからない先のことを想像することができます。だからついつい、転ばぬ先の杖で口を出したくなるんですよね。そういえば、私にもこんなことがありました。あれはまだ長女が小学生の頃、初めて学校主催の1週間の宿泊行事に参加するとなったときのことです。事前に配られた持ち物リストには、下着は3枚とあったんですね。その枚数の意味は、現地で自分で洗って、乾かして、1週間を乗り切りましょうということ。今思えば、それも大事な経験だとわかるのですが、当時の私は『もし、ちゃんと洗えなかったら？』などと心配になってしまい、多い分には困らないだろうと予備の予備まで持たせてしまいました。その結果、他のお子さんよりも荷物が多くなってしまい、小学生用の小さな旅行バッグがパンパンに。行きは私が詰めたので問題はなかったのですが、宿泊先で娘が自分で詰め直すことができず、先生の手を煩わせてしまうことになったそうです。さらにその時点で娘は〝自分で洗う〟という経験をしなかったものですから、翌年の宿泊行事でもなかなかうまくできなくて……。結局、他のお子さんより1年遅れで大変な思いをさせてしまいました。少しくらい大変な思いをしても失敗をしても、それも勉強。成長のためには必要なことでした。親が先回りしすぎるべきではなかったと反省した出来事です。

私が子育てで大事にしてきたのは、〝親の夢を子どもに託さない〟ということ。我が子といえど、自分とは違う人間です。思い通りになんてなるわけがないし、しようとしてはいけないと思っています。だから私も夫も、娘たちの進路や行動に関して「こうしなさい」と言ったことは一度もありません。常に彼女たちのした選択を受け入れるのみ。そして、必要以上に手を貸さないと決めています。娘たちももう20代。まだまだ若いとはいえ、自らのこれからを考えなければならない年齢になってきました。例外なく、人生にはいろいろなことがあります。心が震えるような嬉しいことがある反面、辛いことだってたくさん。価値観や考え方も人それぞれだから、思わぬところで戸惑ったり、憤ったりすることもあるでしょう。それでも娘たちには、勇気を持って外に出て、いろんな経験をして欲しいと思っています。辛いこともあるだろうけど、若いうちにしっかりと経験して大人になっておかないと、生き抜く強さが身につかないと思うからです。親がずっと一緒にいて、助け続けることはできません。だからこそ、何事も一人で乗り越えられる強さを育んで欲しいと思っています。親にとって見守ることは、ときに大変でもあります。それでも手助けしたい気持ちをグッと抑え、子どもの意思を尊重して、見守り続ける。それこそが、私たち親が子どもにしてあげられる最大の愛情表現だと思うから。

反抗期は親の愛情を試されている。そう思って乗り越えました。

2歳頃のイヤイヤ期から始まって、子育てしていると何度か反抗期に遭遇しますよね。これ以上ないくらい愛情を注いで育てているのに、いったいどうして？　私の何が悪かったのかしら……と無力感に苛まれて思い悩んだこともありました。大なり小なり、世の中の子育てしている方たちが皆、体験することなのではないでしょうか。

我が娘たちも中学生くらいの頃には、ことあるごとに「は？　意味わかんないんですけど」なんて生意気を言うようになった時期がありました。その時期が過ぎ去った今では、思春期のモヤモヤを抱えていたのねと理解することもできますし、知人のお子さんの反抗期話を聞けばちょっぴり懐かしい気持ちにすらなることも。だけど、真っ只中にいた頃は、そんなふうに思えずただただ戸惑うばかりでした。

娘たちの反抗期の頃に心がけていたのは、感情的にならないということ。もちろん私も人間ですから、生意気を言われれば一瞬ムッとはします。だけど、そこでケンカをするのではなく、『自分のことをどこまで受け入れてくれるのかを試してるんだ』と考えるようにしていました。子どもが親に対して理由もなく反抗するのは、親がどこまで寛容になってくれるのか？　自分にどれくらい愛情を持ってくれているのか？　を測りたいだけなんだ

と。親の愛を試しているんですよね。だからこそ、こっちまで感情に任せて強く言ってはダメなのです。いったん水を飲んで気持ちを落ち着かせて、「じゃあ、わかるように言うね」と伝えていました。そんなふうに接しているうちにだんだんと態度がほぐれていき、我が家の娘たちの反抗期は終わりました。ちなみに娘たちは今ではすっかりそんな頃のことを

長い休みは“家族で旅行”が我が家の決まり事。中でもパリ(写真左)やモナコ(写真右)はよく訪れましたね。子どもたちが飽きないようにDVDを持参したり、何かと工夫したのもいい思い出。

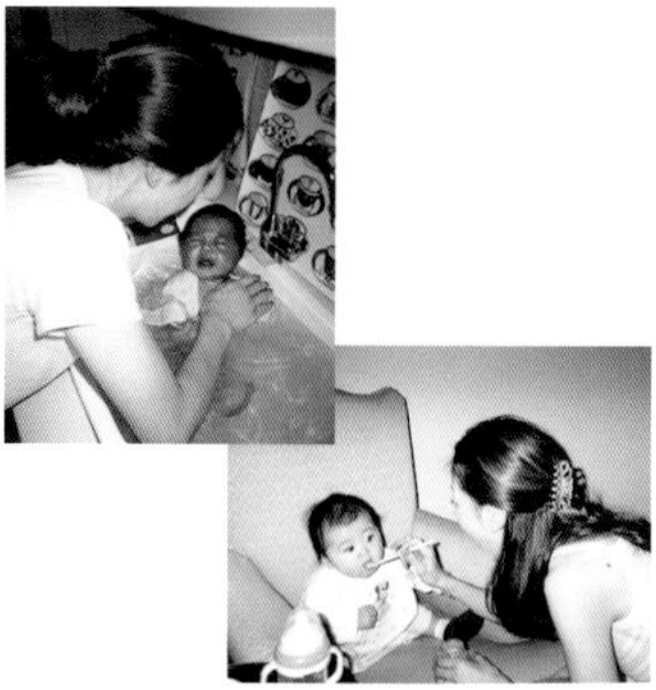

次女が赤ちゃんの頃。まだまだ育児に慣れなくて必死でした。手作り離乳食にこだわり、小児科の先生に「市販のものもとっても優秀だから無理しないで」と諭されたことも。

忘れて、「私って反抗期なかったから楽だったでしょう」なんて言っていますが(笑)。ただ、そんな軽口を言えるということは、今の親子関係が良好だという証。そのことが、私はとても嬉しいのです。

反抗期に限らず、難しいのが〝叱る〟というアクション。人への思いやり、やっていいこと悪いことなど、世の中の常識を教えるのは、親の務めでもあります。子育て真っ最中の頃、私が娘たちによく言っていたのが、「あなたの気持ちを聞かせて」という言葉。働いているとどうしても、一緒に過ごす時間が限られてしまうし、子どもに起こったことをすべて把握するのは不可能です。だからこそ、自分だけでは解決できないようなトラブルがあったら、抱え込まずにすぐに話せる環境を心がけていました。話しかけやすい雰囲気をつくり、時間が短くても〝ママはあなたのことを気にかけているよ〟というメッセージを折に触れ伝えるようにして。

娘たち曰く、「小さい頃、ママはお行儀に厳しかった」そうです。自分では自覚はないのですが、今では家族でレストランに出かけた際にやんちゃなお子さんを見かけると、娘たちから「うちだったら一発退場だよね」なんて言われてしまいます（笑）。確かに、レストランなど公共の場所では騒がないといった、社会のルールは意識的に伝えるようにしていました。もちろん子どもですから、できないこともあるのは当然のこと。〝できる範囲〟でいいんです。大人の思い通りにならないのが子どもですから。

娘たちが小さな頃、特に気をつけていたのは感情に任せて怒らないことです。反抗期への対策と一緒ですね。母親とはいえ、イライラする日もある。仕事をしていたら、そちらのストレスがひどい日もあるでしょう。ただ、その気持ちの揺らぎを〝怒り〟にのせてしまってはダメ。なぜやってはいけないのかをきちんと説明するようにしていました。

また、たとえ同じ環境で育った姉妹でも違う人間ということを理解することも大事。例えば小学生時代、夏休みなどに大量の宿題が出た場合、長女は早々に諦めて〝一人じゃできないよ〟アピールをする子でした。それに対して次女は、できないことをひた隠しにし、休み明け間際になってパニックに陥り、部屋で一人シクシク泣くタイプ。だから同じ宿題でも、長女の場合は一緒にスケジュールを考えて見守る、次女はどうしようもなくなる前に聞き出してみるなど、その子に合わせて、接し方やフォローの仕方を変えていました。

我が家の教育方針がどのくらい功を奏したかはわからないけれど、大きなトラブルも起こりませんでしたし、娘たちとの関係も良好です。そして二人とも、奉仕活動などに興味を持ち、人のために動くことを厭わない人間に育ってくれたことは私の誇りです。

Precious Family

完璧主義を手放すことで仕事をしながらも家事と向き合えるように。

長女が生まれたばかりの頃、私は家事に関して完璧主義者でした。ブラウスやハンカチだけでなく、娘の肌着や家族の下着にまでアイロンをかけるほど。だけど次女が生まれ、子育てをしながら仕事をする中で『あ、これは無理だな』と悟りました。当初は周囲の同じ年頃のお子さんを持つお母さんたちの家事の完璧さに引け目を感じたりもしましたが、私には仕事があるし、時間は有限です。例えばアイロンをかけられなくても、丁寧に干して畳めば、それほどしわは目立ちません。『家事はやりようなんだ』と割り切れたことで、気持ちがかなり楽になりました。

適度な〝手抜き〟も積極的にします。例えば土日の晩ご飯は基本的に外食にして、料理をお休みします。難しいときには材料を切って入れるだけの鍋物にするなど、あまり手間をかけません。毎日の食事の際にも、Oisixのキットを活用して下拵えの手間を省いたり、フライパンやお鍋一つでできるものを作ったりします。

さらに、インテリアにも工夫をしています。棚の上には何も置かず、床にはラグも敷きません。なぜならサッと拭くだけで掃除を完了させたいから。床掃除は、歯磨きやシートマスクでスキンケアしつつささっと〝ながら掃除〟。これなら、思い立ったときにいつでもできます。リモコン類も出しっぱなしにはせず、ソファの前のテーブルやＴＶボードの上に何か置くとしても一つまでに。〝どける〟という動作なしに１アクションで掃除ができるようにしています。子育てにしても仕事にしても、気持ちを持っていかれることはたくさんありますし、集中しなければならないタイミングもたくさん。だからこそ、負のエネルギーは一秒でも早く手放さなきゃ。大切な人や物事に心を注げるように。

十和子家事ルール

1. 掃除は隙間時間でコツコツと
2. 夫や外注に助けてもらうのも手
3. 家事の効率を考えた家づくりを意識

水まわりの掃除は毎日、トイレ掃除は週２回、棚などの細々とした部分の掃除は週1回とルーティンを決め、YouTube撮影などで自宅を使う際には、換気扇や水まわりの掃除を外注します。幸い、我が家では夫が家事に協力的なので、家事分担は私４：夫３：外注３となっています。

濡れたふきんで拭いたら、すかさずもう片方の手で乾いたマイクロファイバーのふきんを使って仕上げ拭きします。これなら拭き跡が残らず時短に！　エプロンはFTCのノベルティ、ゴムコーティングされたグローブはAmazonで購入した、SHOWAの“Lite GRIP”。

— House Cleaning —

便利グッズを駆使してより素早く、快適に！

十和子さん愛用のお掃除グッズ *7*

1.しなやかでへたりにくく、長持ち。皮巻き棕櫚長柄箒 7玉 長さ123㎝×幅23㎝ ¥6400／みよし漆器本舗 **2.**酒造用醸造アルコールと純水を使用。除菌のほか、パンやお餅、果物の防カビ、保存にも。パストリーゼ77 500ml ¥1188(参考価格)／ドーバー酒造株式会社 **3.**汚れの吸油力と吸水力が高いクロス。コパ・コーポレーション ミルフィーユ ファイバークロス ブルー ¥1078／銀座ロフト **4.**フッ素樹脂とシリコーンの力で強力な撥水効果を実現。防カビ剤も配合。汚れ防止用撥水剤 300ml ¥498／カインズ **5.**極細のブラシ面で汚れを根こそぎかき出した後、フッ素加工面で磨くことでピカピカに。汚れを落としつきにくくする フッ素コートクロス 蛇口用 ¥398／カインズ **6.**消しゴムのようなスティックの先端に水をつけて擦るだけでコゲや汚れをオフ。水をつけて擦るだけ　キッチンのコゲおとし スティック状 ¥498／カインズ **7.**洗剤なしでも水をつけて軽くこするだけで簡単に汚れが落とせる。激落ちくん® メラミンスポンジ(セルフカット) ¥220(参考価格)／レック株式会社

キッチンの片隅にストックしているお掃除用のふきんやクロス。気になる汚れや埃を見つけたらすかさず活用。

お掃除＝浄化。気持ちが整うことも意識します。

お掃除はある種の浄化。やらねばならないタスクで頭の中がパンパンになってしまっているときでも、玄関を掃き清めたり、シンクを無心で磨いているうちに気持ちがシャキッとすっきりしてきます。この感覚がなんとも爽快で、モヤモヤするときには、キッチンから玄関まで、お気に入りのホウキで掃き掃除をします。埃と一緒に停滞していた思考や嫌な気分まで、家と自分の頭の中から追い出せるような気分になれるところがとても良いのです。

たっぷり掃除に時間をかけている余裕はないので、インテリアは掃除しやすいシンプルスタイルと決めています。ゴージャスなインテリアにも憧れますが、埃が溜まりやすく手間が増えるので今は我慢！　目安は来客3分前でもサッと片付けられること。こんなふうにライフスタイルを鑑みて、掃除しやすい状態にしておくのも大事なポイントですよね。さらに最近はグッズの進化がめざましく、便利なものがたくさん。それらを活用して、時短も叶えています。

Precious Family

使わないものは「知らないおじさん」。人生を変えてくれた「断捨離®」。

今でこそ、〝なるべくものを増やさない〟を心がけていますが、本来の私はコレクター気質。コスメでもなんでも、集めることが好きなのです。結婚当初は流行っていたフェラガモの靴を何十足も持っていましたし、お嫁に来たときに持ってきた本はなんと400冊！以前、平野ノラさんとYouTubeで断捨離についてコラボさせていただいた際も、フェイラーのハンカチが300枚もあってずいぶん驚かれてしまいました（笑）。

ものがあり過ぎると、気持ちやフットワークがどんどん重たくなるし、判断力も鈍って軽やかな挑戦ができなくなります。数年前、仕事に関して行き詰まりを感じていたときにそこに気づきました。当時、クローゼットには服がパンパンに収納され、キッチンの棚には使わないお皿がぎっしり。とても使い切れる量ではありませんでしたが、どれもこれもお気に入り。最初はなかなか、手放すふんぎりがつきませんでした。だけどあるとき、断捨離®提唱者のやましたひでこさんのこんな考えに出会ったのです。例えば着ない洋服をクローゼットに収納しているのは、そこに〝知らないおじさん〟がいて、出番をじっと待っているのと同じだと。それも何人も！　そう考えたらゾッとして断捨離を進めることができました（笑）。
いきなりクローゼットまるごと、みたいに大胆な断捨離をできる人はそうそういません。初めての人におすすめなのが、冷蔵庫。食材や調味料ならば賞味期限が決まっていますから、〝捨てる〟という判断がしやすいですよね。スペースが限定されているので時間もそれほどかかりませんし、冷蔵庫内がすっきりするという、目に見える変化も味わえるのでモチベーションも高まります。また、なかなか判断がつかないときにはご家族やお友達に、「なぜ所有しているのか」をプレゼンするのもひとつの手。話しているうちに、『あれ？　これはいらないな』と気づきますから。

　不要なものに囲まれていると、進化するために必要な感受性や軽やかさが奪われてしまいます。頭の中が整理しにくく、考えがまとまらなくなることも。不思議なもので、断捨離をして物理的なスペースが増えると、まるで脳の空き容量が増えたみたいに新しいことが吸収できるようになるし、運そのものも上向きます。一つ手放すと、新たに一ついいことが入ってくる。そのいい循環と爽快感は何ものにも代え難いですね。

左：“神回”とも呼ばれている平野ノラさんとのコラボ動画。自分の許容量を超えて、服飾品を持ち過ぎていることを痛感できたいいきっかけです。右：片付けの天敵、アルバムなどの思い出グッズたち。時間がかかるので少しずつ断捨離しています。

十和子さんの収納術拝見！

ルールは、持ちすぎないこと。

隙間がないほどぎっしり詰め込まれていたお洋服を大量処分。棚にも床にも何も置かないようにして、すっきり。それでも少しずつ増えてしまうので、定期的に見直して、保護犬のボランティア団体に寄付したり買取業者に委託します。「今、定価でこれを買うかどうか」を手放す基準にしています。

トップスは撮影で着ることも多い白とそれ以外に分けて収納しています。コーディネートが組みやすくなり、その分、朝の時間を有意義に使えます。

@ Walk-in Closet
クローゼット

@Shoe Cabinet
靴棚

好きな色や素材、形をついつい買ってしまい、同じようなものがたくさんあった靴たちもしっかり断捨離しました。ルールは“1OUT　1IN”。空間に余裕が生まれ、換気もしやすく！

シーズンが終わったら明るいところ（可能ならば日光の下）で状態をチェック。そうすると履いていたときには気づかなかった傷みや落ちない汚れなどを発見できます。それが手放すきっかけになることも。

@Daily Storage
日用品収納

ぎゅうぎゅうに詰め込んでいたら、何が入っているかがわからなくなってしまいます。“見えないものはないのと一緒”と肝に銘じて、ストックは一目で把握できる量にしています。

食器洗い用や食洗機の洗剤はひとまとめにしてコンパクトに収納しています。これもストックを大量には持たず、なくなったら補充するスタイルに。

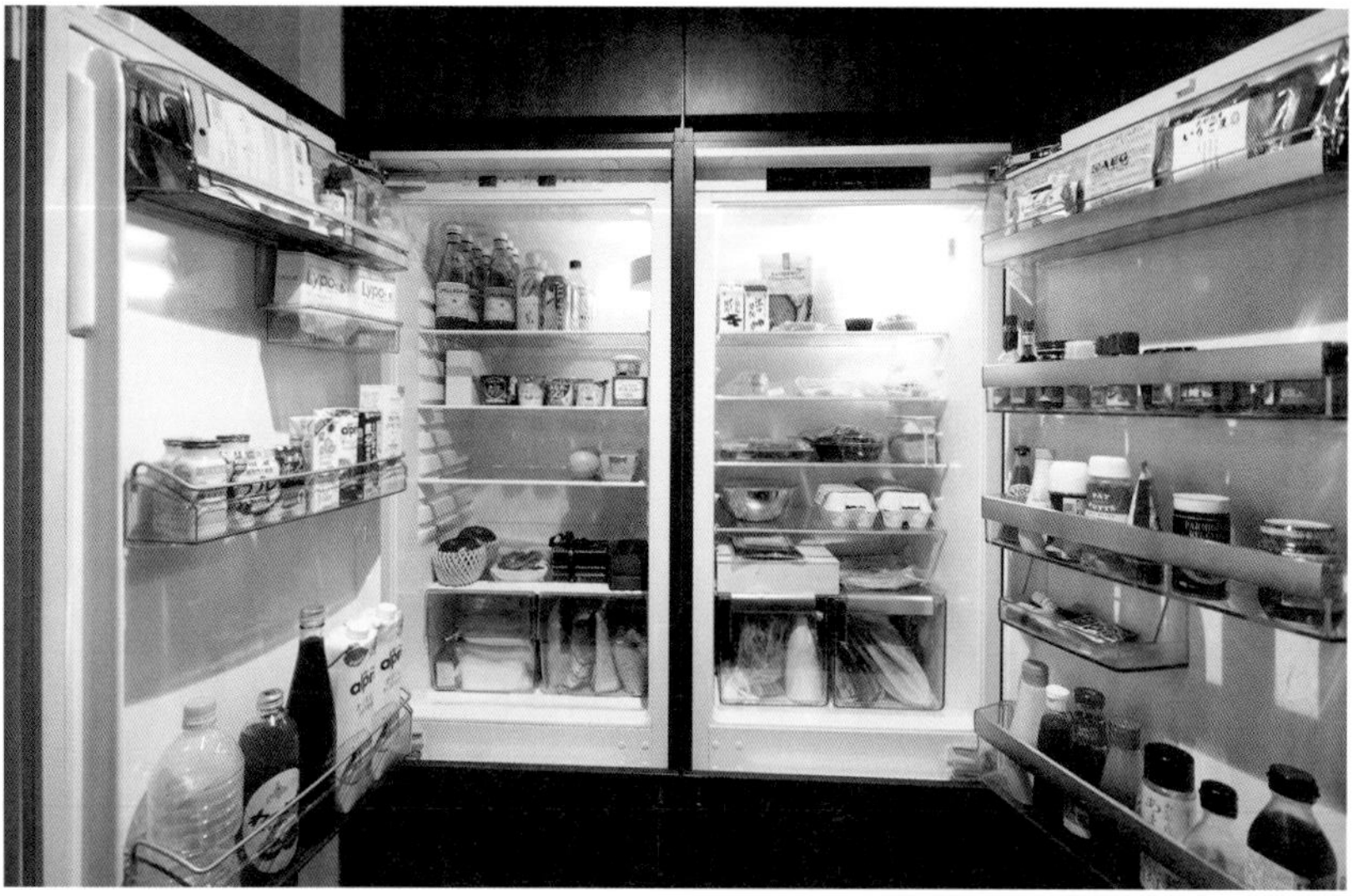

@ Kitchen Storage
冷蔵庫・食器棚

以前はパンパンだった冷蔵庫も今ではすっきり。奥行きはあまりないのですが、奥のほうで食材などが行方不明にならず便利です。卵や納豆などの常備品は、定位置を決めています。

←食器も厳選。今あるのは、シンプルで料理が映えるデザインで、食洗機で洗えるもの。↓調味料は基本、冷蔵庫に。湿気に弱いものはまとめて収納して見やすく！

@ Cosmetics Storage
コスメ収納

Daily

上段にはリップ系、下段にファンデやお粉、チークやアイシャドウを。マスカラやアイライナーなどの“棒もの”は立てて収納します。

夫がイタリア出張の際にオーダーしてくれたメイクボックスに、スタメンコスメを入れています。我が家の洗面所はあまり自然光が入らないので、これを毎朝窓際に持っていき、肌の状態や発色を見ながらメイクしています。

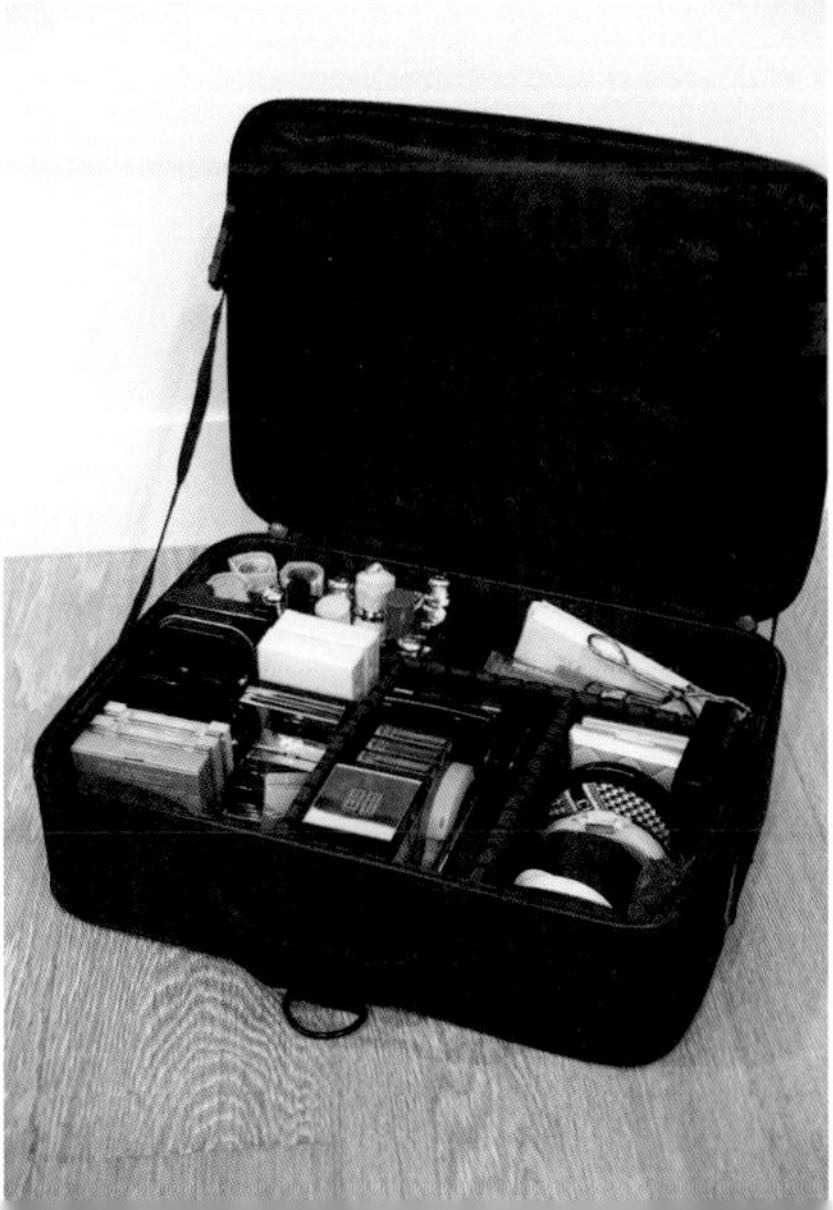

Special

ヘアメイクアップアーティストの黒田啓蔵さんに教えていただいた大型メイクボックスには普段使いはしないけど色が好きで手元に置きたいものたちを。定期的な見直しも。

Precious Family

夫とは24時間ほとんど一緒。円満なのは「違う人間」だとわかっているから。

先日気づいて驚いたのですが、結婚して27年経つにもかかわらず夫と『別れたい』と思ったことがないんです。結婚当初の騒ぎのときから一度も。もちろん夫婦といえども別々の人間ですから、「え、なんでそんなふうに考えるの?」とか、「今の言い方、どういうこと?」のような、小さなモヤモヤや衝突はしょっちゅうありましたし、今ももちろんあります。ましてや私と夫は、職場も一緒、家でも一緒。会社への行き帰りや会食も一緒なので、ほぼ24時間一緒にいます。それでも大げんかに発展しないのは、お互い違う人間だということをちゃんと理解しているから。〝家族だから〟と考えるとついつい感情的になってしまいますし、何も言わなくても理解できて当然と捉えてしまいがち。ですが、違う人間なのに考えがシンクロするなんてありえないこと。血がつながった親子でも、兄弟であってもそうなのですから。全く違う環境で育った別の人間であることを意識して、客観的に、時には冷静に。そして不満もイライラもお互い様。こちらが『え?』と思っているということは、相手もそう思っているということ。夫婦で全く同じ考えを持っている=愛し合っているではありません。違う考え方の二人が愛を持ち合って共に生きる

1995

2023

のが愛し合うということだと私は思います。それを忘れないようにすることが、長く夫婦を続けていく秘訣なのかもしれません。

子育て真っ只中の頃、夫に娘の幼稚園のお迎えを頼んでいたのに、不測の事態が起こって間に合わなかったことが何度かありました。当時は携帯電話が今のようには便利ではなくて、連絡手段はメールか電話。そして、ちょうど外部の方との会議中だった私は夫からのメールや電話に気づくことができなかったんです。私としてはもっと早い段階で相談してくれたら、なんとかできたのに……と、モヤモヤ。仕事に不測の事態はつきものだから仕方ないと頭ではわかっていても、娘に寂しい思いをさせたという気持ちから、自分を責め、夫も責めてしまいました。気まずい空気が流れる中、夫に言われた「お互い、鏡なんだよ」という言葉にハッとしました。自分が相手に対して思っていることは、相手も自分に対して思っていること。私だって仕事のトラブルが起こって、同じような事態になったことももちろんありましたしね。

夫はすごく現実的で細やかな人。以前彼が体調を崩したときに、「パパが死んじゃった

仕事関係のパーティや会食、イベントへの出席もいつも二人で。彼は経営側、私は開発側と、立場の違いからぶつかることはありますが、いいものを世に出したいという気持ちは一緒なのです。

ら私たちどうすればいいの……」なんて私がクヨクヨしていたら、「これはこうして、あの件はああすればいいから大丈夫だよ」と、自分に万が一のことがあったときにすべきことを平然と言うんです。そのとき『自分のいなくなったときのことをここまで具体的に考えてるなら、私のいなくなったバージョンも考えてるのでは？』と少し複雑な気持ちになりましたね。ただ、そういうことではなくただただ現実的なだけだったようです。

ちなみに夫に対してすごいなと思うのが、弱っている人、困っている人に対してとことん優しいところ。２０１１年の東日本大震災のときも発生後すぐ『自分たちにできることは？』を考え、被災地に10年くらい我が社のコスメを寄付し続けていました。それも、何のアピールすることもなく。経営者としては正解かどうかはわかりませんが（笑）、その姿勢を私は尊敬しています。家事や育児を女性だけがやるものと考えていなかったのも、ワーキングマザーとしてはありがたかったです。できるほうがやればいいというスタンスでいてくれたからこそ、乗り越えられたことはたくさん。

娘たちも成人し、近頃は夫婦で過ごす時間がさらに増えました。だから週末は基本的に別行動です。夕食の時間だけ決めてあとはフリー。「どこ行くの？」も聞きません。一緒に行かずとも、聞いたらそれは束縛になるから。別々の時間を持つことも夫婦円満にはやっぱり必要。だけどいつかおじいさん、おばあさんになったら、一緒に世界中を旅してみたい。それが今の私の夢です。

27回目の記念日はフォーシーズンズホテル丸の内東京内にある「SÉZANNE」にて。彼が選んだ花もいただき幸せな一日でした。

Message from the Husband

夫・誉幸さんから見た、妻・十和子さん

十和子様

七年ぶりの新刊おめでとう。タイトルの通り、アラ還になってもお声がけいただけると言うのは本当に有難く、また誇らしくさえ思います。

五十歳を過ぎても、日々真摯に自分と向き合ってきた、貴方の誠実さの賜物だと感じています。二十八年前に仕事のきっかけで出会い、外見の美しさは勿論のこと乍《なが》ら内面の美しさに惹かれ、人生を共に歩む決意をしたのは正解であった！としみじみ感じ入る日々です。

日々単に外見の美しさを追求するのではなく、人として美しく生きたい、誠実でありたいという清廉さには頭が下がります。私には無い生真面目な本質は武士道にも通ずる性質すら感じます。時に、その生真面目さでストレスにならぬ様、これからの人生後半はそう、少し互いに日々を楽しむ“ゆとり”を持てたら良いですね。一日も長く一緒に人生を楽しめたら幸せだと思います。

これからも凸凹コンビで宜しくお願い致します。

令和五年二月吉日　君島誉幸

Precious Family ――

家族の数だけ、ルールがあります。張り合うのではなく「教えてください」の姿勢で。

結婚後７ヵ月ほど、夫の両親と同居していました。当時の義母はとにかくパワフル！ヒョウ柄のワンピースにハイヒール。常にパリッとしたファッションで颯爽と歩き、自身のオートクチュールサロンで辣腕を振るっていました。義母が現れると気の張りがなかった社員やその場の会社の人たちが、そしてその場の空気がピシッと締まるのを、感心しながら見ていたのを覚えています。忙しいのにさらに家庭では、義父の秘書が当時「どの引き出しを開けてもきっちり整理されている」と感心していたほど家事も完璧で……。シャツはもちろん、下着、靴下、お台所のふきんにいたるまでアイロンをかけるようなスーパーな義母を見て、料理を含め家事をほとんどやったことのなかった私は『うまくやっていけるだろうか』と不安になったものです。

家族の数だけ、ルールがあります。例えば私は玉ねぎはまず皮つきのまま半分に切り、使う分だけ皮を剥くというスタイル。それに対して義母はまず、皮を全部剥いてから調理に取り掛かる。正直どっちでもいい、どっちが正解なんてこともないような些細なことですが、一緒にお台所に立ってお料理をしていると「え、そんなやり方なの!?」と思ってしまうもの。子育てに関しても同じで、まだ長女が離乳食を食べていた頃に外食をした際、私は小児科の先生から「雑菌が入って傷むこともあるから、外食時に食べさせるなら1食ずつ小分けになっているレトルトがいい」と聞いていたんですね。だけど義母の世代にしてみれば、そんなものより大人が噛んで柔らかくしたものを食べさせればいいと考えるわけです（実際にはやっていませんが）。世代の違いや、家族ごとのルールの違い。そこからくる小さな違和感は数えきれないほどありました。ストレスがなかったといえば嘘になります。だけど、ムキになって自分のやり方が正しいと主張してもしかたない。相手は、自分よりもずっとずっと経験を積んでいるのだから、どうしても受け入れられないところ以外は受け入れて、時には聞き流して、折り合いをつけていくしかないのです。それらをぜんぶ飲み込んで、自分の気持ちになじませるには、少なくとも3年はかかると思います。だからこそ、今義実家との関係に悩んでいる方に伝えたい。最初からうまく付き合える人なんていないのです。だから大丈夫ですよと。

例外もありますが、家族との付き合いでキーとなるのはお義母さんであることが多いと思います。長い間、母として、主婦として（専業でも兼業でも）経験を積んできたという自負があるぶん、家事や子育てに関して自分と違うやり方を受け入れるのはなかなかに難しくぶつかることも多いと思います。打開策としておすすめなのは「こんな素敵な息子さんを育てた秘訣、教えてください！」というスタンス。旦那さんの好きな食べ物とその作り方、小さな頃のエピソード、体調を崩しやすいタイミングなどについて聞いてみる。私も子育てをしてきたのでわかりますが、子どもが小さかった頃のことを話すのってすごく楽しいこと。気持ちもほぐれやすいですしね。そういえば義母も、よく夫の小さかった頃や学生時代のことを楽しそうに話してくれました。あまりにも褒めちぎるので、『ちょっと……』と密かに思ったこともありましたが（笑）。そうやってコミュニケーションを取って少しずつ距離を縮めてみる。できそうなことなら「私もやってみます！」と伝えるのもいいし、これはできないと思えば「さすがですね！　だけど私には無理かも」って言ってしまってもいいのではないでしょうか。私だって家族全員の下着にまでアイロンはかけられませんでしたし、できなくても問題ありませんでしたから。もちろんこの手法は、万能ではありません。世の中にはいろんな人がいますから、どうしてもわかり合えない、仲良くなれない場合だってあると思います。自分にとってどんなに嫌な相手でも、夫の親という事実は変えられないけど、努力をしたのであれば、それ以降は関係性を割り切ってもいいと思います。

結婚当初、義母と一緒に。夫が家事も育児も私と同じようにやってくれるのは、義母が仕事をしながら子育てや家事をする姿をしっかり見せてくれていたからかもしれません。

CHAPTER

3

Personal Relationship

大変だけど、
人生を豊かにしてくれる
大人の付き合い

私のすべてを理解してくれている学生時代からの友人、
そして大人になってからできた友人の皆さん。どちらも
かけがえのない宝物です。この章では私の人生に
いつも新しい風を吹かせてくれる、大好きな
友人たちのこと、そして大人として意識している
お付き合いの仕方についてお話しさせていただきます。

Personal Relationship ——

主役はあくまで子どもたち。「ママ友問題」に悩みすぎなくていいと思うんです。

ママ友の難しいところは、同じ思い出を共有している学生時代の友人や、趣味、仕事を通して仲良くなった人たちと異なり、たまたま〝同じ年に出産をした〟という共通項があるだけ、という点ではないでしょうか。もちろん、気が合うママ友に巡り合える場合もあります。私自身、今でも仲良くしている方たちもいますしね。ですが、子育てとはさまざまな考え方があるのですからどうしても合わない人がいてもそれは仕方がないこと。無理して仲良くしなくていい。『自分がうまくやれないばかりに、子どもが仲間外れにされたり寂しい思いをするのでは？』と心配する気持ち、とてもよくわかります。ただ長い目で見れば、仲間外れにするような人たちとは距離を置いたほうが賢明です。他のママさんも皆さん大人ですから、いずれは何かがおかしいと気づくでしょうし、お子さんだって成長するにつれて良いこと、悪いことの判断ができるようになっていきます。一瞬は寂しい思いをしたとしても、周囲のママさんにもお子さんにもいずれはわかってもらえるはず。

今はＳＮＳがあるので、悩みはより複雑になっているのではないでしょうか。世の中にはいろんな人がいます。最初はとてもいい人に思えたのに実はそうではなかったり、逆に

初めこそ感じが悪かったけど、本当は素敵な人だったり。ですから、ママ友に関しては最初から焦って距離を詰めないほうがいいと思うのです。もちろん、あからさまにツンツンしてはいけません。常に笑顔と挨拶を忘れずに！　にこやかに、存在感を出さず、できる限り透明でいる。もし相手が妙なマウントをとってきたら、「すごいですね～」とさらりと流せばいい。そもそもママ友のいるコミュニティの主役は子どもたち。無理してママがそこで仲良しを作る必要もないですし、ましてやマウントし合うなんてナンセンス。

　娘たちが幼稚園に通っていた頃、私には仕事があったのでママ同士のお付き合いにそれほど顔を出せませんでした。ですから常に目立たず、控えめにと意識していたのを覚えています。例えば、送り迎えにはいつも決まったバッグや服で行っていました。選ぶ基準は華美でないベーシックなもの。オフィス向けのバッグや服を選ぶのと同じ感覚ですね。世の中にはいろいろな考え方の人がいます。自分にとっては普通でも、受け取る側が〝マウント〟

現役のトップ娘役時代から憧れていた白城あやかさん（写真左）とは、お互いの子どもたちが小さい頃は子育ての話もよくしてきた間柄。半年に一度は必ず会って、近況報告をしています。

と感じる場合もあります。個性を楽しむのは、子どもが主役のコミュニティではなく、違う場所ですればいいと思うんです。また、ストレスを感じている方にアドバイスですが、ママ友とのお付き合いを〝仕事〟と割り切ってしまうのもひとつの手。職場にはいろんな方がいて、その全員とプライベートまで仲良くするわけではないですし、する必要もない。だからママ友も、〝子育て〟というミッションを遂行するために集まっている同僚と考えれば少しは気持ちが楽になるのではないでしょうか。大人としての礼儀を持ちつつ、心地よい距離感で付き合えばいいのです。時間は有限です。ただでさえ時間がないのだから、わかってもらえない人とはわざわざ仲良くしなくてもいいと思うのです。ある共働きのお母さんは、ママたちの集まりにはたとえ行けそうなときでも、毎回は参加せずに、「習い事があって」とお断りしていたそうです。その理由は一緒にいる時間が長くなるとどうしても家のこと、夫のこと、子どもの成長具合などいろいろなことを聞かれてしまうから。ママ友とは、一定の距離を置きたいからだそうです。そういう手もあるのです。

今現在、辛い思いをしている方にぜひともお伝えしたいのですが、ママ友問題は永遠ではありません。どうしても苦手な人がいたら、幼稚園や学校を選ぶ段階でその人のお子さんとは違う選択をしてもいいし、運悪く一緒になってしまったとしても、活動の中心はどんどん子どもたちとなっていくため親の出番は必ず減ります。中学生にもなれば、ママ同士のお付き合いはかなり少なくなります。だから今の辛さは、期間限定。必要以上に思い悩まず、お子さんとの時間を大事にしてくださいね。

Personal Relationship

十和子流ギフト選びは相手の気持ちファーストで。

ビジネスでお世話になった方へのちょっとしたお礼やご挨拶、そして子どもが小さかった頃はお友達のお家に遊びに行く際の手土産など、〝ちょっとしたギフト〟を贈る機会は大人になればなるほど増えますよね。ただ、喜んでいただけるギフトを選び出すことは本当に難しい。私自身、娘たちが小さい頃から何度も頭を悩ませてきました。いろいろと悩んだり、考えたりした結果、たどり着いた答え。それは、ギフトは〝消え物〟に限るというもの。食べ物や消耗品ならば、相手への負担も少ないと思います。

相手によってもちろん好みが異なるので、日頃からのリサーチはマスト。好き嫌いや味の好みだけではなく、たとえば女性が多い職場ならば、華やかなルックスのスイーツにする、逆に甘過ぎるものが苦手な相手が多いなら、同じお菓子でも和菓子にするなど……。さらに分けやすく、全員がすぐに食べなくてもいいように、なるべく個包装のものを選ぶようにしています。特に感染対策で衛生面が以前にも増して気になる昨今、お仕事相手への手土産は、個包装のもののほうが嬉しいですよね。また、ＴＶやＳＮＳなどで話題になっているお店のものや、お取り寄せ限定など、少し手に入りにくいものであることも、喜ばれるポイントなので大事にしています。手土産選びで活躍してくれるのが、百貨店などでよく行われている物産展。地方にしかお店のない名店の、しかも通販では手に入らないスイーツなどは、その希少性もあって必ず喜ばれる鉄板ギフト。伊勢丹 新宿店や銀座三越など、百貨店の催事はこまめにホームページなどでチェック。雑誌の手土産特集も参考にさせていただいています。

娘たちが小さい頃お友達によく贈ったのが、ハンカチなどの消耗品や可愛らしいスイーツ。それに絵本やお菓子、おもちゃなどを組み合わせて贈っていました。金額はいただいたものに合わせて。そうすればお互い、気を遣わずにすみますから。

ギフトは〝ありがとう〟や〝よろしく〟という気持ちを伝えるもの。相手の負担にならないものを贈るのが、マナーですし思いやりだと思います。

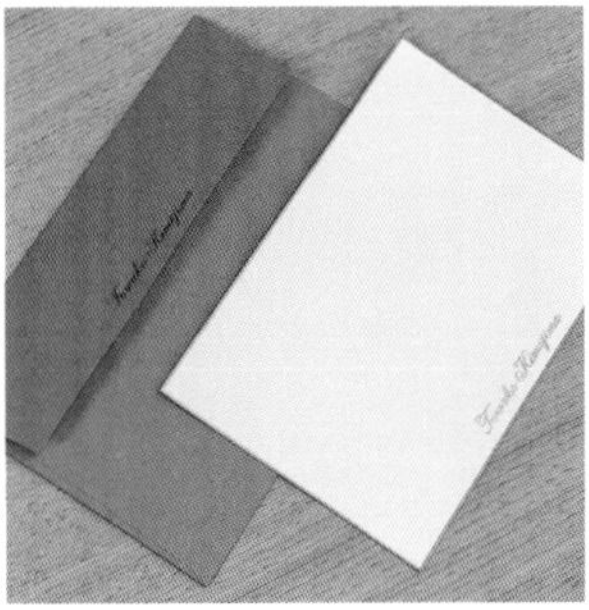

HAGURUMA STORE東京表参道の名前入りのカード＆封筒を常備。LINEやSNSのDM、メールなどで簡単にお礼が言えてしまう今だからこそ、あえて手書きのお手紙で感謝の心を伝えることを大切にしています。

ビジネスにも◎

喜ばれる手土産

for Business

桃林堂

おめでたい“鯛”モチーフでミニサイズのたい焼きは甘さ控えめの上品なお味。男女問わず喜ばれますし、かごに入っているのもお洒落です。

小鯛焼 5個入篭 ¥1800／桃林堂 青山店

フィオレンティーナ
ペストリーブティック

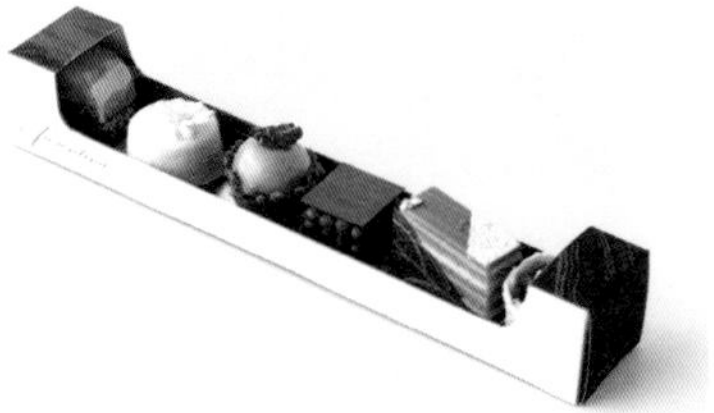

見目麗しい一口サイズのケーキが6個。ケーキの種類は季節によって変わるので、何回贈っても毎回新鮮に喜んでいただけます。

ピッコロガット ¥2000／グランド ハイアット東京（フィオレンティーナ ペストリーブティック）
※取り扱いがない場合があります。

KUGENUMA SHIMIZU

招き猫など縁起物をモチーフにした「おてづくり最中」の詰め合わせ。お祝いに、ビジネスにと多彩なシーンで使える鉄板ギフトです。

もなか　幸（銀座店限定）10個入り ¥3456
／KUGENUMA SHIMIZU GINZASIX店

消耗品やスイーツを！

ママ友やお子さんのいるご家庭に

for Family

フェイラー

—

何回洗濯してもへたらない丈夫な生地は年代問わず喜ばれますが、特に子連れの外出先でハンカチの出番が多いママさんに最適。

ハンカチ（約25cm×25cm）各¥2750／フェイラー銀座本店

familiar

—

子どもの洋服の小さなポケットにも入るミニサイズ。白とネイビーのシリーズはお受験を控えたお子さんに贈ると、とても喜ばれます。

右から：ハンカチセット（お受験）¥2200、ティッシュケース（チェック）¥1430、ミニタオルハンカチ¥770／familiar

CAFE OHZAN

—

女の子がいるご家庭への手土産に喜ばれるのがこの華やかなラスク。娘のお友達のお家に遊びに行く際のおもたせとして重宝しました。

上から：スティックラスク10本入り ¥2484、キューブラスク5個入り ¥1620／CAFE OHZAN

美を底上げするアイテムを

気のおけない女友達に

for Friends

右）ディオール　左）エスティ ローダー

—

ディオールのマキシマイザー セラムは色がつかないカラーレスタイプで唇をしっかりケアしつつ、ふっくら整える。エスティ ローダーのリップは上品なカラーが秀逸。どちらも名前などを刻印できるのも嬉しいところ。

右から：ディオール アディクト リップ マキシマイザー セラム 000 ￥4290／パルファン・クリスチャン・ディオール　ピュア カラー エンヴィ リップスティック 420 ￥4950／エスティ ローダー

ディオール

—

大人気のディオールのシャドウパレットや単色シャドウは、メイク好きな女友達に。新作のカラーもしくはブラウン系などのベーシックなカラーを選びます。

右から：サンク クルール クチュール（全13色）￥8470、モノ クルール クチュール（全21色）￥4400／パルファン・クリスチャン・ディオール

ニコライ バーグマン
フラワーズ ＆ デザイン

—

ボックス入りのフラワーアレンジメントなら花瓶を用意する必要もなく、すぐに飾れます。バリエも豊富で、好みやイメージに合わせて選べるところも魅力です。

プリザーブドフラワーボックス Sサイズ ￥11495／ニコライ バーグマン フラワーズ ＆ デザイン

※ディオールの対象アイテムへの刻印サービスは無料。
※エスティ ローダーのリップのモノグラミングサービスは全国のエスティ ローダーカウンター及び公式オンラインショップにて無料にて実施中。

ホームパーティは華やかにおもてなす。

レストランでの会食よりもずっとお友達との距離が縮まるホームパーティ。お料理はゲストの好きなものを事前にリサーチし、さらに気持ちが華やぐような花や食器のあしらいを心がけています。

今回のテーブルセッティングは表参道の“FOUR GRACE TABLEWARE”さんに依頼。ヴェネツィアングラスのグリーンをキーに、生花と食器のカラーをリンクさせて。

夫の父がヴェネツィアで購入したグラスなど、ホームパーティ用の食器たちは同じ場所に収納。断捨離でかなり処分しましたが、お気に入りのものは残しています。

Treasured Friends

[十和子的、お友達論]

Personal Relationship ——

大人になって新しい友達を作るには自分から行動を起こすことが大切。

〝意外〟と言われることもあるのですが、私は新しい友達を積極的に作るタイプ。人見知りもしません。撮影やお仕事で初めてお会いして話が弾んだり、素敵だなと思った方のことは自分から誘いますし、その前に誘っていただいたらもちろん、喜んでご一緒させていただきます。歌舞伎を一緒に観に行ったり、ランチをしたりなど、プライベートの時間を共有したら、私的にはもう完全に〝お友達〟認定（笑）。ちなみにこの人と仲良くなりたい！　と思ったら、とことん積極的。お会いする機会がなければ、自分のインスタグラムのアカウントからDMを送ることもあります。もちろん、全く面識のない方に自分から声をかけるのは勇気がいります。だけどやらねばならないことがたくさんある中で、お友達と過ごせる時間はとても貴重。だからこそ、その時間をさらに素敵に彩れる素敵な方とご一緒したいと思うのです。

大人になってからできた友達には、こまめに連絡を取るように心がけています。幼馴染など学生時代からずっと仲良くしている友人なら、たとえ数年会わなくても会えば一瞬で昔に戻れますけど、日が浅い友人たちとは関係が切れてしまう気がして……。自分からアクションをしなければ会えない人たちだからこそ、関係の浅いうちはしっかりコミュニケーションをとり続けたい。誘われたら、誘い返すようにも意識しています。

友達になりたいと思うのは、面白い人ですね。自分にはない面白さを持っている人を見るとその理由を知りたくなるんです。年上でも、同年代でも、年下でも、年齢は問いません。美容ジャンルにも限りません。そこが、同じ年齢やコミュニティで友達になることが多い学生時代とは違うところ。大人の友達関係はもっと多彩でそこが面白い。例えば、コスメ〝dr365〟をプロデュースしている〝大ちゃん〟こと美容家の三上大進さんは、その美容知識やインスタライブの面白さに惚れ込んで、私から「いつも興味深く拝見しています」とDMを送ったことがきっかけで仲良くなりました。勇気を出して「デートに誘ってもいいですか？」と聞いたら、「もちろん♡」とお返事をくださって。先日、念願のランチに行き、美容情報をはじめとしたおしゃべりをたっぷりできて本当に楽しかったです！　タレントの平野ノラさんも大人になってから仲良くなった一人。私の断捨離の師匠でもある彼女ですが、仕事への姿勢など人として尊敬できる部分がたくさん！　彼女に会って断捨離の魅力を教えていただいたことは、間違いなく私の人生のターニングポイントになったと思っています。

友達とは、直接会って話すのがやっぱり好きです。有益な情報交換でなくてもいいんです。たわいもないお話をして笑い合える。その行為がもたらすセラピー効果って絶大だから、機会や時間があったら自分からどんどんお茶やランチに誘うようにしています。大人がどんなことを考え、興味を持っているのか。どんなことを面白いと感じるのか。それを知ることは、楽しくて刺激的。結果的にお仕事のプラスにもなるんです。

考え方や生き方が確立している大人の友達付き合いは、時に面倒なこともあります。だけど、何もかも共感できることが、友達の条件ではないと思うのです。自分とは違う世界を持った人たちとの交流こそが、人生を豊かにしてくれるはずだから。

1. 最近仲良くなった三上大進さん。2. 友利新先生は医師として母として女性として、多彩な視点で美容を分析する姿勢を尊敬しています。3. セラピストの早野實希子さん。ゴッドハンドである彼女の施術を受けるのは至福の瞬間です。4. 小林暁子先生は私の腸活の師。サバサバしていてかつ、可愛らしいところに憧れます。5. YouTubeでもコラボさせていただいた平野ノラさん。断捨離や子育てなど共通の話題がたくさん！6.美容家の瀬戸麻実さん。お店にもふらっと来てくださったり、とても温かい方。お話ししていると元気がもらえます。

CHAPTER

4

To Be the Best Me

いつだって
最高の自分でいるために

誰でも年齢を重ねれば、エイジングサインや体力の衰えに直面します。
そのどうすることもできない変化を嘆くのではなく、
常に自分をアップデートしていきたい。
年齢を重ねることは決してマイナスなことではなくて、
むしろ今までで一番素敵な自分を目指すために
それを実現する“知恵”が身につくことだと思うのです。
アンチではなく、アクティブエイジングを。
そのために私が心がけていることを、この章ではお話ししましょう。

To Be the Best Me ――

怖くないと言ったら嘘になるけれど、それでも年齢を重ねることは楽しいことなのです。

目尻に現れるシワや肌のもたつき、体力の衰え。年齢を重ねることで現れるこれらの変化を、100%ウエルカムだとは思っていません。怖くないと言ったら嘘になるし、調子の悪い日などには、鏡の中の自分に愕然として気持ちが曇ってしまうこともあります。だけど、時間を巻き戻すことは誰にもできません。たとえものすごいお金と労力をかけてエイジングサインをすべて消し去り、20代、30代の頃のピカピカなお肌や身体に戻せたとしても、その不自然さを自分が一番受け入れられないと思うのです。中身は年月を経ているわけですしね。だとしたら年齢を重ねることで現れる変化を楽しんでしまったほうが人生はずっと豊かになります。どう頑張っても失われていくものに気持ちを費やすことほど、無駄なことはないのですから。

人によってエイジングサインの出方はさまざま。それらを検証して、「こんな対策ができますよ」「こうすれば老化のサインが出にくいですよ」とお伝えするのも私の仕事。今は、キレイ！　若い！　と褒められるより、説得力を持って皆さんの悩みに寄り添えることが嬉しい。実は、年齢を重ねることが怖くてたまらなかった時期がありました。40

New Me

［最新の自分］

歳になる直前でしたね。電車の窓に映った自分の顔のほうれい線におののいたりして。だけどいざ40歳になってみたら、どうってことはなくて。さらに50歳になったらもっと平気になりました。人間は、ある日突然『白雪姫』に登場するお婆さんみたいにしわくちゃになってしまうわけではないですよね。変化はゆっくりですし、しかも丁寧で正しいお手入れやライフスタイルを取り入れることで、老化をより遅らせることだってできます。

年齢を重ねてよかったと思うことはたくさんあります。それは、『自分をよく見せたい』という気持ちがどんどん少なくなってきたこと。ＴＶで激辛料理を食べること、バンジージャンプを飛ぶこと、インスタライブですっぴんをお見せすること。もちろん、全員が好意的に見てくださるわけではないことは理解しています。でも「元気をもらえました！」と言っていただけたり、私の発信する美容法について「参考になりました」と言っていただけることが、なにより嬉しく励みになっています。だからこそ、インスタグラムやＹｏｕＴｕｂｅなど、新しい挑戦を臆することなくできるのです。

人と自分を比べなくなったことも、年齢を重ねたことで得られたよい変化かもしれません。それはライフスタイルの変化にも関係していて、例えば、お子さんが小さいうちは、毎日の送り迎えなどで、たくさんの同年代のお母様方に会うことも多いですよね。そうすると、あの人はまだあんなに若々しいのに私は……なんて感情が出てきたりすることも。でも私くらいの年齢になると、同じ年齢の方たちと一堂に会することはほとんどないですし、そもそも〝何歳だから〟と細かく気にしなくなれるのです。

若い頃だったら気後れしてしまったような、大ぶりのアクセサリーやハイブランドのバッグを気兼ねなく持てますし、鮮やかな色や柄のお洋服を着こなせるのも年齢を重ねた醍醐味。実はこんなふうに考えられるのは、夫のおかげでもあるんです。結婚当初から、「あの人は素敵だね」と彼が褒めるのは、年齢を重ねたマダムばかりでした。だから私の中に、「年齢を重ねる＝素敵になれる」という意識が定着したのかもしれません。50代も半ばを過ぎましたが、これからも変化を恐れず、進化し続ける人間でありたいですね。

Insta Live

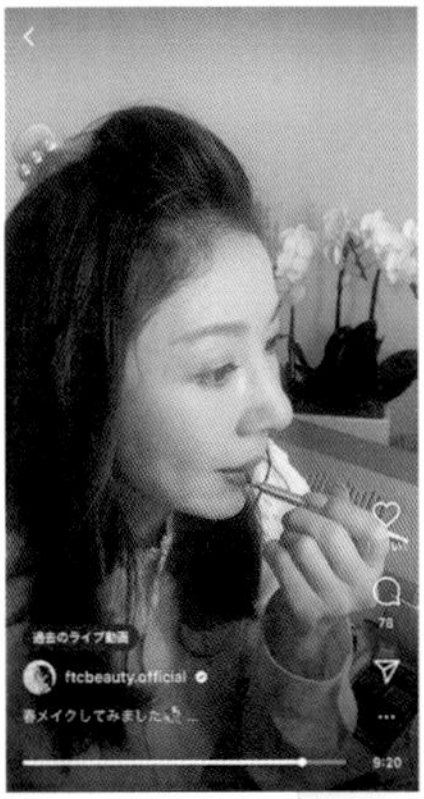

インスタライブもYouTubeも始めたのは50代になってから。見てくださる方たちの「ためになりました！」の声が何よりの励み。SNSを始めてから、より臆することなく新しい挑戦ができるようになりました。

YouTube

Television

テレビ朝日系にて毎週水曜日放送の『ノブナカなんなん？』（現在は『隣のブラボー様』にリニューアル）に出演させていただいたときのひとコマ。人生初の激辛料理にチャレンジ。意外なほど(笑)「面白かった！」のお声をたくさんいただきました。
©2022年 2/9 OA

To Be the Best Me

年月を重ねてきたからこその「すっぴん力」。

インスタライブなどで〝すっぴん〟をお見せすることに躊躇はありません。若い頃からコツコツとお手入れを頑張ってきましたが、もちろん年齢を重ねたことによる変化はゼロではありません。そもそも『キレイでしょ、見て！』という気持ちではないんです。美容について伝えることを仕事にしている私にとって、なにより伝えたいのは正しいお手入れ方法。〝何を使うか？〟と同じくらい、〝どう使うか？〟も大事ですから。

しっかりと潤いや栄養を与えて、外側からだけでなく内側からのケアも怠らなければ、肌は必ず応えてくれます。10代、20代の肌になることはできませんが、『私の肌、この年齢にしてはなかなかいいじゃない』と思えるような状態に必ずなれます。そのことを自分自身の肌で実証していくのも、私の使命だと思います。

トップス、スカート／WE'RTHY（十和子さん私物）

Daily Skincare

朝夜のスキンケア

トップス、スカート／WE'RTHY（十和子さん私物）

実はスキンケアには時間をかけていません。

日々、ものすごい時間をかけてお手入れをしていると思われがちなのですが、実はそれほどではありません。

20代の頃に肌荒れを経験し、当時はSNSもなく、手探りでいろいろな方法やコスメを試してきました。その中で学んだことは今の私の美容法の礎になっていますが、そのひとつに「手をかければいいわけではない」ということがあります。肌にとって刺激は大敵。必要以上に触れたら、どうしても刺激を与えてしまいます。さらに、子育てと仕事を両立する中で、自分にそこまで時間をかけることはできませんでした。だから、私が作るコスメはみな、例えばお子さんを抱っこしていてもサッと保湿ができるようにローションはミストタイプだとか、クレンジングもダブル洗顔不要など簡単&スピーディに使えるものばかり。それらを日常的に愛用しているので、時間がかからないというのもあります。特に夜のステップは軽め。シートマスクなどのスペシャルケアも朝に行うことが多いですね。美肌は時間をかければ手に入るものではありません。適材適所で使うこと、そしてバランスが大事だと思っています。

開発中の自社製品を自分の肌で試すことも多いですね。その際には、効果だけでなく使い心地などもチェック。そこもお手入れには大切ですから。

Morning Routine

十和子的モーニングルーティン

☑ まずは コップ1杯の白湯

起きたら洗面所に直行して、洗顔からUVケアまで一気に行い、キッチンでお湯を沸かして白湯を1杯。朝の身体は冷えているので、これは欠かせません。その後、デトックスティーを飲むこともあります。

☑ スキンケアの メインは朝

ケアは夜より朝を重視します。紫外線やエアコンなどによる乾燥、そしてPM2.5などの空気の汚れ。日中の肌を取り巻く環境はかなり過酷。それらから肌を守りつつ保湿をしっかりすることで、メイクもくずれにくくなります。

☑ 実はメイクを一気に しないことも

メイク道具を入れたポーチと手鏡をダイニングに持ち込み、下地とファンデーションを塗ったら洗い物をして、眉毛を描いたら床をフローリングワイパーでさっと拭く……といった具合にメイクを少しずつ仕上げることも。

☑ 朝のエネルギー チャージ

温かいものと塩分によって身体が目覚めるタイプなので、朝食には必ずお味噌汁を。さらに足りない栄養素はサプリでチャージ。FTC NMN ULTIMATE15000とシンプリス センシュアル ネンマク ケアは必須。

Morning Skincare Items

Step 1

「朝はクレンジングか拭き取り洗顔。メディヒールの拭き取り洗顔はシカとティーツリー入り＆弱酸性で穏やかな使い心地。脂っぽいとき、くすみを感じるときに使うと透明感が蘇ります」メディヒール ティーツリーバイオーム ブレミッシュ シカ トナー 320ml ￥2640／セキド

Step 2

「次に使う製品をしっかり受け入れるための導入美容液はケアに必須。朝はみずみずしい感触かつメイクの邪魔をしないサラッとしたタイプを。プロポリスやアミノ酸、セラミドなど成分にもこだわって選びます」CNP プロP トリートメントエッセンス 150ml ￥4380／PLAZA

Step 3

「乾燥予防のため乳液先行型のケアも」右から、イドラクラリティ コンディショニング トリートメント ソフナー 200ml ￥5500、同 コンセントレート クリーム 50g ￥7700、同 薬用 トリートメント エッセンス ウォーター〈医薬部外品〉200ml ￥5500／コスメデコルテ

Step 4

「日中の紫外線ダメージに備えて、美白ケアは朝に行います。美白の美容液は何種類か愛用していますが、このポーラのものはさらりとしていてのばしやすい。使うタイミングは化粧水の後、クリームの前に」ホワイトショット CXS〈医薬部外品〉25ml ￥16500／ポーラ

「パーツケアは専用アイテムで手厚く。メイク前に唇をなめらかに整え、乾燥しやすい目まわりもケア」右から、グラン アイ セラム V 15ml ￥7150／クラランス ザ・リップ ボリューマイザー 7ml ￥9350／ドゥ・ラ・メール

Check!

こちらもオススメ！

「研究や勉強の意味もあり、日々、さまざまなブランドさまの製品を使っていますが、やはり自社製品は馴染みがあるので欠かせません。朝の美容液はホワイトニングのものを」右から、FTC FFプレステージケア セラミスト 120ml ￥8580、FTCホワイトニング リポセラム〈医薬部外品〉30ml ￥5940、FTCフローラパワー リポセラム 30ml ￥9570、FTC FFプレステージケア クリーム 30g ￥14300／FTC

Night Routine

十和子的ナイトルーティン

自分と向き合う時間の「暗闇ラジオ体操」

寝る前に寝室で、電気を消した真っ暗闇の中、音楽をかけずにラジオ体操をするのが日課です。身体と頭が疲れすぎているとバランスがフラフラ〜ってなったりして、その日の自分の状態がよくわかります。

コップ1杯のお水を飲んで入浴タイム

入浴前には必ず、コップ1杯のお水を飲んで発汗を促します。そして欠かさず、湯船に浸かる！　さら湯ではなく、バスソルトやエプソムソルトを入れて温め効果をUP。

モダールのパジャマで良質な睡眠を

Tシャツとスウェットだと下半身だけが温まり上半身が冷える。シルクでも寝返りが抑制されることがあるのでいい睡眠に入っていけないと聞き、パジャマはモダールという伸縮性に富んだ柔らかな生地のもの一択。

何十年も欠かしていない「冷水浴び」

お風呂から出る直前に、頭皮と膝下に冷水をかけます。そうすると頭皮も肌もキュッと引き締まり、その後じわじわ〜っと温かくなって、より血行がよくなるのを感じられます。

Night Skincare Items

Step 1

「夜のお手入れでは、何を入れるかではなく、しっかりメイクと汚れを落としきることを重視します。敏感なお肌にも使えてダブル洗顔不要、毛穴ケアまでできるアイテムが良き相棒です」FTCホワイトモイスチャークレンジング〈医薬部外品〉160g ¥4235／FTC

Step 2

「朝はクリームですが夜は乳液派。米発酵液の化粧水を乳液と組み合わせて柔らかな肌を目指します」右から、アクフォンス リプレニッシング フルイド 125ml ¥16500／SUQQU　FTCフローラ ステップアップ モイストローション 100ml ¥8250／FTC

Step 3

「くすみが気になるときには美白系、紫外線を浴びたり、肌が揺らいでいるときには沈静系など、美容液は肌状態に合わせて選んでいます。SUQQUの美容液は乾燥やキメの乱れを感じたときに◎」アクフォンス リファイニング セラム 50ml ¥13200／SUQQU

Step 4

「まるでナイトマスクのように潤う。肌が不調なときに投入します」バリアセラム 50g ¥5500／イプサ

Step 5

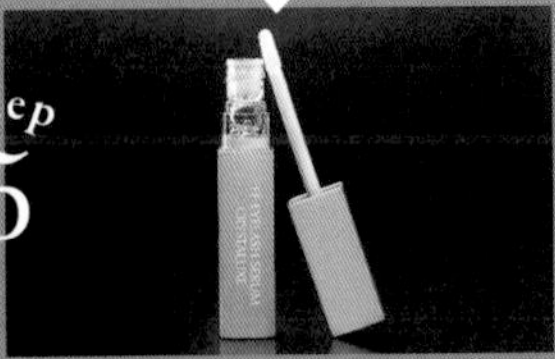

「"まつ育"も毎日必ず！　まつげの成長細胞が一日で最も活性化する夜に」FTC FFアイラッシュセラム クリスタリュクス 4ml ¥4620／FTC

Check!
こちらもオススメ！

「夜は肌を労わる成分を。皮脂が気になるときは泡洗顔を部分的に投入します」右から、FTCホワイトモイスチャークレンジング〈医薬部外品〉160g ¥4235、FTCホワイトモイスチャームース 150ml〈医薬部外品〉¥3850、FTC プレステージケア セラミスト ダイヤモンドパーフェクション 120ml ¥12650、FTCホワイトニング リポセラム 30ml ¥5940、FTCフローラパワー リポセラム 30ml ¥9570、FTC プレステージケア アドバンスドクリーム ダイヤモンドパーフェクション 45g ¥23100／FTC

Private Make-up

十和子さんのプライベートメイク

トップス／セルフォード　ピアス／マグノリア・ホワイト ジュエリー　ピンクのリング／カルティエ（すべて十和子さん私物）

プライベートメイクは TPOに応じて組み立てます。

セルフメイクの所要時間はパパッと10分。精鋭のアイテムたちで、清潔感ある肌とイキイキとした表情を手早く作ります。

Make - up Process

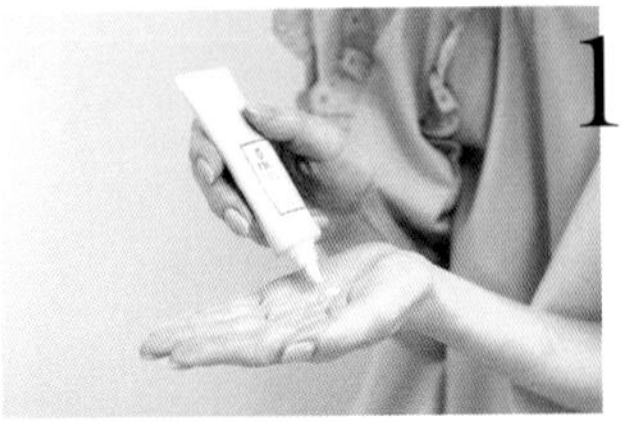

1

ラベンダーピンクの**A**を小豆2つ分出し、全顔にオン。耳の後ろやうなじにも忘れずに！

2

顔の中心部分（眉尻より内側）に**C**を塗り、フェイスラインには**D**を塗ってメリハリを作る。

密着度を高めて、ベースメイクをくずれにくく。FTC ティアドロップスポンジ ¥880／FTC

3

Bの**2**をクマの上、**3**を小鼻横などくすみが気になる部分、**4**をニキビ跡に薄くのせてカバー。

4

ハイライト効果のある**B**の**1**を鼻根、鼻の頭、口角、唇の山にのせ、光の効果でメリハリUP。

Items Used

A. ラベンダーピンクで透明感をUP。FTC FFクリーム クリスタリュクス SPF50・PA++++ 30g ¥4950／FTC **B.** シミやクマのカバー、ハイライトと万能。トーンパーフェクティング パレット 00 ¥4950／コスメデコルテ **C.** 小ジワも毛穴もカバーしてハリのあるツヤ肌に。 FTC FFリ・グロウメモリーファンデーション SPF38・PA+++ トーンアップ、**D.** 同 ナチュラルオークル 各¥7480／FTC

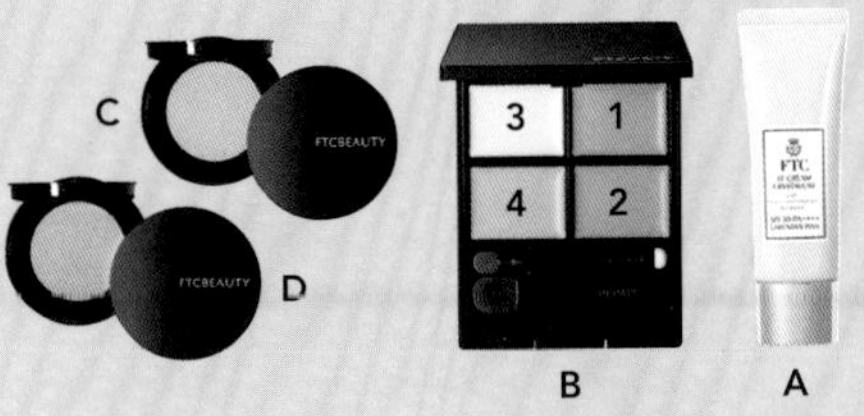

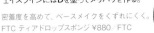

Make - up Process

Eをブラシで顔全体にのせる。ブラシにたっぷりお粉を含ませて、ふわりと薄膜に仕上げて。

最高級の人工毛が叶える柔らかな肌あたりが魅力。美肌フェイスブラシ ￥11000／Excess Beauty

小さめのブラシに**E**を取ったら眉の中、小鼻横などくずれやすい部分に“追いパウダー”を。

丸みを帯びたフォルムで狙った部分に粉をのせやすい。アイシャドウ ブラシ I ￥3300／コスメデコルテ

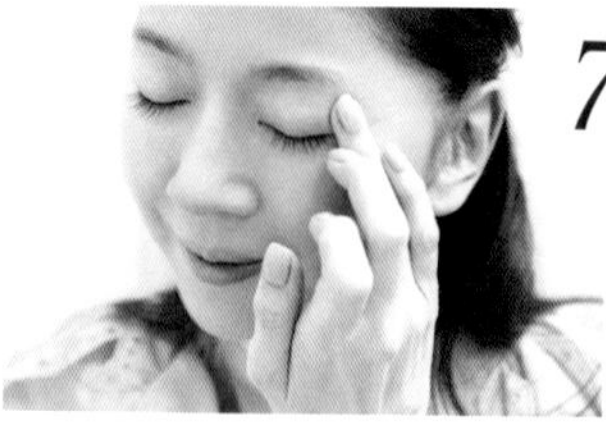

アイホールに**G**をのせてまぶたの丸みを強調し、二重幅に**H**をのせて目元の陰影をアップ。

目尻に**I**をブラシ幅にオン。**J**で上まぶたにインサイドラインを引き、目尻は自然に延長する。

粉含みの良いソフトなブラシ。細かい色づけも楽々。立体アクセントブラシ ￥2970／Excess Beauty

Kを頬の高い位置からこめかみへブラシでオン。**F**の**1**を小鼻横、**2**を鼻先に**V**の字に。

ナチュラルな血色がのせられる、絶妙なサイズと毛量。ブラッシュ ブラシ ￥4400／コスメデコルテ

Lで眉の形を整えたら、**M**で足りない部分に毛を描き足す。眉尻をコンシーラーでシャープに。

極細のアイブロウペンシルとコンシーラーのWエンド。フジコ 美眉アレンジャー 03 ￥1650／かならぼ

E. サラサラに整う微粒子パウダー。FTC FFマイクロスムースパウダー クリスタリュクス ￥6270／FTC **F.** リアルな影色になるマット質感。リリミュウ シアーマットシェーディング 02 ￥1760／コージー本舗 **G.** セラミド配合でケアとアイメイクがいちどきに。FTC セラムース アイカラー HAPPY、**H.** 同 LUCKY ￥7480（2色セット）／FTC **I.** 重ねても濁らないパールが絶妙。トーン タッチ アイズ 18 ￥4070／SUQQU **J.** ヨレにくい極細芯。キャンメイク クリーミータッチライナー 02 ￥715／井田ラボラトリーズ **K.** 幸福感溢れる血色に！ ブラッシュ カラー インフュージョン R1 ￥4180／ローラ メルシエ ジャパン **L.** どんな眉も自在に描ける名品。ルナソル スタイリングアイゾーンコンパクト 01 ￥4620／カネボウ化粧品 **M.** リアルな毛が描ける細さが秀逸。超細芯アイブロウ 03 ￥550／セザンヌ化粧品

Make - up Process

11

Nを唇全体に直塗り。表面をなめらかに整えることで、上に重ねるリップが均一に発色。

12

Oで輪郭よりやや大きめに唇を縁取る。そのまま内側まで色を広げてリップのベースを作る。

13

12よりも少しだけ狭く、Pをブラシでのせる。淡いカラー同士のグラデで立体感をアップ！

先端がハート形で口角など細かい部分も塗りやすい。ハート型リップブラシ ¥3300／Excess Beauty

14

唇の中央だけにQをオン。鮮やかなカラーは、全体ではなくポイント使いがこなれの秘訣！

15

Fin......

上下のまつげ全体にRを塗る。目尻はブラシをタテにしてまつげを持ち上げるように重ねる。

N. ひと塗りでふっくら。なめらかな仕上がりはリップメイクのベースにも最適。ルージュ デコルテ ティンティドプランパー 04 ¥3850／コスメデコルテ　O. ほのかにくすんだ血色カラーでリップラインをナチュラルに縁取る。輪郭操作も楽々！ B IDOL 1more ペンシル 02 ¥1430／かならぼ　P. 湿度を感じるマット質感。13は肌映え効果も高いソフトなピンクトーン。シアー マット リップスティック 13 ¥5500（セット価格）／SUQQU　Q. 鮮やかな赤みが華やかさをプラス。洒落たソフトマット仕上げ。ルージュ・ジバンシイ・シアー・ベルベット 27 ¥5060／パルファム ジバンシイ　R. 驚異のカール＆ボリュームアップ効果を発揮。お湯でオフできるのも魅力。まろやかなブラウンカラーでヌケ感もメイク。FTC ザ・トワコイズム マスカラ カール パーフェクション ベリーベリーブラウン ¥4950／FTC

R　Q　P　O　N

Private Make-up

十和子さんのプライベートメイク

To Be the Best Me

大人だってカラコンをしてもいいでしょう？

カラコン＝若い人のものだと思っていませんか？　もちろん、10代の子がつけているような着色直径のものすごく大きいものを大人がつけると、〝イタい〟印象になりかねません。ですがきちんと選べば、頼もしい味方になってくれます。例えば、メイクをする時間がなくてアイラインを引けなくても、カラコンで目ヂカラを強めておけば寂しい印象になりません。さらに年齢を重ねるとだんだんとまぶたが下がってきたりして、目元がぼんやりしがち。そのお悩み解消にも最適なのです。

私が選ぶ際に大事にしているのは、着色直径とレンズの色みとデザイン。着色直径は14㎜前後がベストで、レンズの色は、少し深めのブラウンだと悪目立ちしません。ただ、どんなレンズが似合うかは、もともとの目幅や黒目の大きさや色に左右されるのでいろいろと試してみてくださいね。また自分で鏡で見るのと、人が見るのでは雰囲気が違ったりもします。ですから私は、新しいレンズにチャレンジする際には娘たちに見てもらって判断しています。裸眼とカラコンをつけた状態で黒目の大きさに差があまりないほうが自然につけこなせるので、それを確認するために片目だけレンズを入れてみることも。お洋服と違って試着ができないのがカラコンの悩ましいところですが、ホームページの着用写真をチェックしたり、1～2枚の少量セットがあるものから試してみるのもおすすめです。

Close-up!

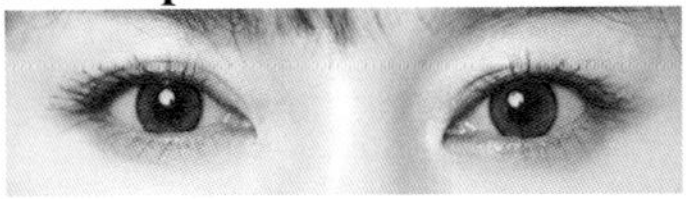

エバーカラーワンデー ナチュラル パールベージュ

緑が透け感のあるダークブラウンで内側がベージュカラーというデザインなので、素の黒目がほどよく透けてナチュラル。高い度数にも対応しているのも嬉しい。

エバーカラーワンデー ナチュラル パールベージュ DIA14.5㎜、着色直径13.8㎜、1箱20枚入り ￥2598／アイセイ

トップス／フェンディ（十和子さん私物）

トップス／セリーヌ（十和子さん私物）

Close-up!

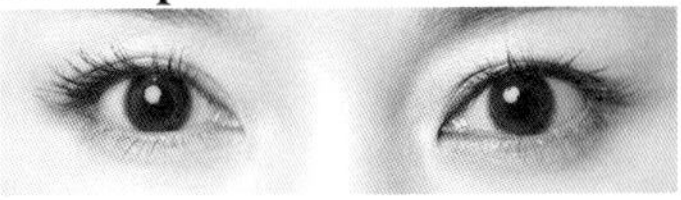

トパーズ ツイントパーズ

暗めのアッシュブラウンが大人っぽく、縁がくっきりしていないので柔らかな印象になれます。エバーカラーよりは着色直径が小さめなのですが、目ヂカラはしっかり。

トパーズ　ツイントパーズ DIA14.2㎜、着色直径13.4㎜、1箱10枚入り ￥1760／PIA

Close-up!

フェリアモ アフォガード

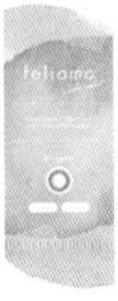

透け感のあるまろやかなブラウンとふんわりとしたデザインで、優しい目元に見せてくれます。透明度の高いレンズだから、うるっとした瞳になれるところも素敵です。

フェリアモ アフォガード DIA14.2㎜、着色直径13.6㎜、1箱10枚入り ￥1760／PIA

トップス／SEVEN TEN（十和子さん私物）

Body Maintenance

［ 十和子流ボディメンテナンス ］

To Be the Best Me ——

「暗闇ラジオ体操」で自分の身体と向き合います。

ウェア上下／ハンロ（十和子さん私物）

電気を消した暗闇の中、無音で行うラジオ体操が、子どもたちが小さな頃からの寝る前の習慣。音楽はかけずに頭の中で再生します。そんなふうに目や耳からの情報が入らない状態で行う体操は、その日の体調や身体のコリ具合のチェックに最適。しっかりやると、軽く汗をかくくらいの運動量（しかも疲れ過ぎない）となるのも私にはちょうどよくて。ラジオ体操だけだとほぐせる部位が偏るので、2日に1回のペースでストレッチを行います。よく行うのは背中や胸のストレッチ。スマホやPCの見過ぎで背中が丸まったり、巻き肩になりやすいので、しっかりほぐして予防しています。

Easy Exercise

十和子さん流簡単エクササイズ

1

内臓の動きもよくなる

胸郭ほぐしストレッチ

膝を曲げて横になり肘で身体を支え、腰を持ち上げる。床についてないほうの手を後頭部に添え、息を吸いながら胸を開く。その後、おへそを見るようにゆっくり背中を丸め元に戻す。反対側も同様に。

2

肩甲骨まわりもほぐせる

膝立てふせ

両膝を床につき、かかとを上げ両腕で体を支えて背中を丸める。息を吐きながら腕立て伏せの要領で上半身を床に近づけ、再び同じ体勢に。肘を締めると二の腕のトレーニングにも！

3

胸開きストレッチで 深い呼吸を取り戻す！

床にストレッチポールを置き、その上に寝る。膝を曲げ、脚を軽く開いて身体を安定させる。バンザイの要領で両腕を上げたら、そのまま床を手の甲でなでながら腕で大きく円を描く。

Stress Care

[大人のストレスケア]

To Be the Best Me ——

「更年期」や「円形脱毛症」……いつか過ぎると思って開き直ります。

インスタライブの際にも、よく質問をいただく「更年期」。女性にとって、とても大きな、そして無視できないトピックスですよね。更年期というのは、閉経前後の5年間、あわせて10年間のことを指します。平均すると45～55歳頃と言われていますが、実は個人差がかなりあり、30代後半でもう更年期に入る人もいれば、50歳を過ぎるまで何の変化もない人もいます。さらに、その期間に出る病気ではないさまざまな症状を更年期症状、日常生活に支障が出るほど辛いものを更年期障害と呼ぶそうです。ホットフラッシュや不眠、イライラ、動悸など、症状も重さも人それぞれ。ただ、確かなのは程度の差こそあれ、〝誰もが通る道〟であること。もちろん皆さん同じ症状が出るわけではないので、辛さも人それぞれですが。更年期は心配しても避けられるものではないので、必要以上に怖がらず、自分なりの対策をしておくのがよいのではないでしょうか。ホルモン療法や漢方薬治療、ハーブやサプリメントなど、さまざまな対処法がありますが、何が合うかも人それぞれ。まずは、自分の身体の状態を知ることから始めてみるといいと思います。手軽に挑戦できるサプリメントを取り入れてみたり、病院でホルモンの検査をするのもいいでしょう。ただ怖がるのではなく、〝敵〟を知ることこそが、更年期を怖がる気持ちに打ち勝つ秘訣だと思います。

私はというと、母がすごく更年期症状が重く、辛そうだったので、30代後半くらいから更年期に対して必要以上に恐怖心を抱いていました。いつ始まるんだろう、私も同じようになってしまうのだろうか、もしかして、もっとひどいことになる⁉ ……なんて。ただ、何もしないでドキドキ、ソワソワしているのは嫌だったので、その当時は人間ドックに婦人科検診を組み込んだり、何かあったときにすぐ相談できるように信頼できる婦人科を探しておくなど、自分なりに対策をしていました。結果、それがとても役に立ちました。40代半ばの頃、これまでに経験したことがないほど、生理痛がひどくなってしまったことがありました。しばらくは市販の痛み止めを飲んでしのいでいたのですが、あまりに続くので調べておいた婦人科を受診したのです。そこで、生理痛だけにアプローチできる痛み止めがあることを知り、それを飲んだら痛みが消えて身体が楽になっただけでなく、ずっと『子宮の病気なのかもしれない』とモヤモヤしていた気持ちが晴れて、心の負担も減りました。婦人科は、行き慣れていないと少しハードルが高く感じられますが、思い切って行ってみればなんてことはないですし、不安を抱えているよりずっといい。それを知っているからこそ、行きやすい病院を30代、40代のうちから探しておくことを周囲の女性たちにはおすすめしています。女性のお医者さんがいらっしゃる、会社の近く、口コミがいい……など、選ぶ基準は何でもいいので、何かあったときにすぐに相談できるような場所を知っているだけで安心ですから。

また、これは私の実感なので、医学的なことは定かではないのですが、周囲の女性たちを見ていて思うのは、生活リズムが乱れていると更年期症状が強く出ることが多いようです。睡眠をしっかりとって、栄養バランスの整った食事をすることも対策になると思います。56歳になった今だから言えるのですが、あんなに恐れていた更年期も今ではなんとも思わなくなりました。同年代の女友達とよく、「私はこうだった」「私はこんなところが辛いのよ」なんて、〝更年期自慢〟のように話したりして。30代、40代だと、まだちょっと自分のプライベートな話はしたくないと思うかもしれませんが、いつか笑って話せるようになれること、覚えておいてくださいね。

ストレスの影響は人それぞれ。怖がらず身体からのサインと受け止めて。

心身ともに割とタフなほうなのかしら？　なんて普段は思っているのですが、実は私、あまりにも強いストレスを受けると、頭皮に影響が出てしまう体質なのです。20代の頃から、ストレスが限界を超えると必ず、円形脱毛症になっていました。2年ほど前も、仕事のストレスが重なって症状が出てしまいました。幸い、いつも毛が抜けるのは目立たない場所ばかりなので周囲の方に気づかれることなく、撮影などにも支障が出たことはありませんでした。それでも最初はショックでしたし、『このままだったらどうしよう』と悩みました。でも、なってしまうものは仕方ありません。大人になれば誰だって、自分ではコントロールできないストレスにさらされるときはあります。その内容も年を重ねるにつれだんだんと重たくなっていきますし、それなしで生きていくことは誰にもできないこと。どんなに深刻になったところで好転しませんし、むしろいっそう鬱々としてしまいますよね。だからあるときから、気持ちを切り替えました。こうやって症状が出るということは、心と身体が限界を迎えているというサインなのだと考えるようにしたのです。エイジングサインと一緒で、悩んでもどうにもならないことで気持ちを消耗させるのは、時間の無駄遣いですから。

最近は、症状が出てしまったら無理せずなるべくゆっくりして、家族やお友達に話をするようにしています。この〝話す〟ことが、意外なくらい効果的で、速やかに気持ちが整理されます。自分は何がそんなにもショックだったのか、そしてこれから自分は何をすべきなのか。そういったことがどんどんクリアになっていく。そうすると自然と、気持ちそのものも前向きになっていけるのですよね。ストレスを緩和させる方法を持っておくのはとても大切。私は〝話す〟以外に、いくつか気持ちのリセット方法を持っています。中でも20代の頃から好きなドライブは、かなり効果的。運転中は周囲の車の流れに

左：髪にとってタンパク質は何よりも大事。忙しくてつい朝ご飯を抜きがちな方には、手軽なバナナやゆで卵がおすすめ。右：運転中の独り言もストレス解消に有効な手段。口に出すことで思考も整理されます。

気を配り、信号や標識をチェックし、速度も最適に保たねばなりません。だからこそ、何か気がかりがあっても、そのことばかりを考えずに済むのがいいのです。さらに一人で運転しているときに出る独り言。これが、自分の潜在意識に気づくきっかけにもなるんです。運転に集中しているときに出る言葉に、『私、こういうふうに感じていたのね』と気づくこともしばしば。その言葉を聞き逃さないことで、日々気づかないうちに感じている違和感がクリアになり、大きなストレスや問題になる前に解決できることもあります。

よくインスタライブで、「白髪に悩んでいます」というコメントをいただくのですが、白髪もまた、身体が発しているサイン。白髪が出る部分は多くの場合、頭皮の血流が悪くなっています。だから『この部分の血流が悪いのね』と意識してマッサージや頭皮エッセンスで対策をしてみて。ストレスもよくありません。白髪が増えると確かに気持ちが曇ります。ただ、黒く戻すことはできなくても、そこを重点的にケアすることで、しっかりとした髪を育てることはできる。少なくとも、抜けてしまうことは防げるはず。その上で好きな色にカラーリングを楽しむのもいいですね。身体からの〝サイン〟と考えれば、エイジングケアのチャンスに変わると思います。

やみくもに怖がるのではなく、自分なりの対策をして、受け入れる。更年期もストレスによる円形脱毛症も、そんなふうにして乗り越えてきました。一つわかったことは、どんな厳しい状況も〝いつかは必ず過ぎる〟ということ。それを励みに、これからも開き直っていたいですね。

ずっと健やかでいるために編み出した

粉物十和子

Konamono - Towako

食事だけで必要な栄養を賄えればよいのですが、なかなかそうもいきません。サプリやドリンクも個別に摂取していたら膨大な量になってしまいます。そこでたどり着いたのが〝粉物十和子〟。さまざまな粉末タイプ（一部液体のものも）の栄養素をお水などで溶いて一気に飲むというもの。フリーズドライ製法のものを選べば、栄養素を壊さず飲めるというメリットも。はっきりいって美味しくはありません。だけど、サプリを飲むために水分を摂りすぎてお腹がタポタポになったり、身体が冷えたりすることに比べたら多少のまずさは許容範囲です（笑）。

1

水溶性食物繊維

血糖値の急上昇を抑える水溶性食物繊維。空腹時に摂取すると腸内の善玉菌のバランスを整えると言われています。朝だけでなく外食の前にも飲んでいます。

2

ハトムギエキス

年齢的にもイボなどができやすくなっているので、その対策の一つとして飲んでいます。角質層の水分量を高める効果も期待できるので、乾燥対策としても必須です。

3

ビタミンC①

これだけ液体。リポソームの中に栄養素を閉じ込めることで、吸収を阻害する影響からガードすることを目指す。ビタミンCの体内利用効率を考えた優れもの。

4

ビタミンC②

体内の酸化防止に欠かせないビタミンCは持続力と効きの速さで選びます。また、一回で大量に摂るのではなく複数回に分けてちょこちょこ摂るのが十和子流。

5

大麦若葉・乳酸菌

腸活に欠かせない乳酸菌や大麦若葉のほか、植物性タンパク質とサポニンが摂れるきなこと、食物繊維が豊富なブロッコリースプラウトが入っているのが嬉しい。

6

フルボ酸

フルボ酸は液体だとかなり美味しくないけれど、粉末ならば飲みやすくストレスフリー。こちらは天然フルボ酸のほかに50種類以上のミネラルが摂取できるところが魅力です。

7

タンパク質

特に女性はタンパク質が不足しやすいのでプロテインで補います。オーガニックのヘンプシードのみで作られていて安心ですし、きなこのような風味で飲みやすい。

1. 飲む腸活 FTCリセットファイバー 4.3g×30本 ¥5292／FTC **2.** ハトムギエキス末100% 145g ¥3240(参考価格)／ファイン **3.** Lypo-C リポ・カプセルビタミンC 30包 ¥7776／SPIC **4.** ワカサプリ ビタミンC 2000mg 30包 ¥3240／分子生理化学研究所 **5.** 君島家のおいしい朝汁 3g×30包 ¥4320／FTC **6.** 右から・ソノママミネラル「+kin」フローラバランス/tummy and mind 5g×24包 ¥9493、ソノママ+ミネラル 6g×30包 ¥6264／スタイルアンドバリュージャパン **7.** 有機プロテインパウダー 140g ¥1188／ハンプス

Beauty Advice

美の賢人特別対談

「変化を恐れないこと。年齢を重ねても魅力的であるためにできること。」

黒田さん（以下黒）　十和子さんがずっと魅力的なのはなぜなんだろう？　って考えたとき、一番に思い浮かぶのが美へのまっすぐな好奇心なんです。十和子さんに「今日はこんなメイクしようと思うんだけど」ってお伝えして、「それは嫌です」って言われたことがない。だからこそこの人は、どんどんキレイがアップデートされていくんだと思うんですね。もちろん、お顔立ちの美しさとかスタイルとか、生まれ持った要素も素晴らしい。だけど何の努力もせずにそれだけで美しくいられるのは若いうちだけです。美を維持し続けることは、すごく難しいことだから。

十和子さん（以下十）　光栄です（照）。黒田さんのメイクは毎回完璧なので、〝NO〟なんて絶対言いません（笑）。いつもメイク中

Talk with……

ヘアメイクアップアーティスト

黒田啓蔵さん

繊細かつ大胆、そしてセンスあふれるヘアメイクで多くの女優、アーティストから支持されている大人気のヘアメイクアップアーティスト。十和子さんの書籍やFTCの会報誌、雑誌やTVでのヘアメイクも多数手がける。

に「今日は何を使ってくださるんだろう?」って密かにチェックしてセルフメイクで真似しています。

黒　そのフットワークの軽さも、十和子さんの魅力が衰えない理由ですね。大人になると経験値が増える分、〝こうでなければ〟と保守的になってしまいがち。それに、若い頃にテッパンで似合っていたものを手放すのってすごく勇気がいること。だけど、メイクってどんどん変えていかないとキレイが停滞しちゃうんです。特にメイクはその時代の空気感を反映することが大事。例えばアイメイクだって、この15年くらいで、しっかりメイク、ヌケ感メイクなど、流行がどんどん変わっていきましたよね。それらをまるっと取り入れる必要はないけど、そこに合わせて少しずつ調整していけば、常に新鮮でいられるはず。

十　実は私が最近、黒いアイラインと黒いマスカラの組み合わせをやらなくなったのは、黒田さんの影響なんです。

黒　今はメイクに柔らかさが求められる時代。だからマスカラが黒なら、アイラインはブラウンに。そうじゃないと、少し古い目ヂカラになってしまう。大人に必要なのは盛ることよりも引き算する勇気なんです。

十　昔の自分の写真を見たときに感じる違和感はきっと、そういうところからくるんですよね。若かった頃のほうが美しいと思い込んでいる方が多い中、イマイチしっくりこないのは、私たちの感性も、トレンドの移り変わりと共に、変わってきているから。

黒　その通り！　ちなみにデパコス、プチプラ問わず、多彩なアイテムを試してみるといいですよ。同じに見えても、粉のクオリティや質感、発色の仕方が変わってきているから、新しいコスメでメイクするだけでもトレンド感が宿るんです。

十　先日の撮影で黒田さんが、自分では似合わないと思い込んで使えなかったカーキや赤みシャドウをすごく素敵に使ってくださって感動したんです。毎回、違ったチャレンジをしてくださるのもすごく勉強になります。

黒　メイクはバランスだから、似合わない色なんて本当はないんです。例えば苦手な色のシャドウなら、まぶたに広くは塗らずにシャドウラインで取り入れてみるとかね。

十　いくつになっても、キレイのためには挑戦あるのみ。メイクだけでなく、どんなことにもそれは言えるんですよね！

十和子さん：ブラウス／girlish（十和子さん私物）

Talk about Aging

二人の考える年代別の正解・NG美容は？

「30代はMY定番を見つけて」

黒　「もう30代になっちゃった」なんて声を聞くことがありますが、〝もう〟ではなく〝まだ〟30代。お肌も元気だし、メイクで冒険してもイタくはなりません。そもそもね、美容は保守的になることが一番ダメ。そこで魅力が止まってしまう。

十　自分の30代を振り返ってみても「失敗したくない」って気持ちが働いて、冒険を躊躇しがちでした。

黒　まだまだ先は長いんだから、どんどん失敗すればいいんです。ただその挑戦は毎日じゃなくていい。30代は仕事や子育てなど忙しい時期だから。

十　確かに、自分に手をかけてあげる時間の余裕がないのがこの世代ですよね。

黒　だから休日やリモートワークの日など、失敗しても大丈夫な日を選んで挑戦してみる。その中で、似合うものを見極めて、メイクの新たな〝MY定番〟を作るのがおすすめ。

十　それならできそうですね。

黒　ただ、30代後半になると、目尻の小ジワなどのエイジングサインが少しずつ出てきます。

十　アイケアはこの年代から始めておくといいですね。

黒　1アイテム増やすだけだから、手軽にできますしね。

十　シワやたるみが出現する時期も遅らせられますよ。

黒　基礎化粧品は同じものでいいから、しっかり丁寧に浸透させる習慣をつけるのも手。パパパッと雑につけず、手のひらでじっくりと。このひと手間をするのとしないのとでは、5年後、10年後が変わりますよ！

「ヌケ感を意識する40代」

黒　40代でやりがちなメイクの失敗といえば、塗りすぎ。肌のアラがぽちぽち出てくる年代だから、ついそれを隠そうと塗りすぎちゃう。でも、なるべく薄く仕上げたほうがキレイに見えやすい。キレイに厚く塗るのってテクニックがいるんです。

十　黒田さんのメイクは、いつもすごく肌が軽いですよね。

黒　どうしても隠したい場所だ

けコンシーラーでカバーすればいい。大人の肌は薄膜のほうがキレイに見えます。カラーメイクも、どこかを引き算してあげるとこなれますよ。

＋ 50代、60代を見据えて、ボディのケアを見直すのもおすすめです。顔に比べて、ボディは見落とされがち。だけど脇、肘、膝、かかとの色素沈着は、年齢を重ねれば重ねるほど進みますし、目立ちます。ケアをしたからって瞬時にキレイになれるパーツじゃないからこそ、40代のうちからコツコツケアを。お風呂上がりに全身にボディクリームを塗るとか、ハンドクリームやエッセンスでこまめに指先のケアをするとか。首やデコルテもエイジングサインが出やすいパーツなので、ぜひケアしてほしいですね！

「50代が追求したいのは清潔感」

＋ 大事にすべきは、〝清潔感〟。ただ全身を清潔にしていれば手に入るものではありません。目、髪、歯。そういった部分を特にしっかりケアすることが大事。目は目薬をこまめにさしたり、しっかり眠ったり、疲れたら温めたりして充血をケア。さらに、頭皮ケアをしっかり行い、プロの手も頼って髪のツヤを守ります。きちんとした歯磨きや、クリーニングやホワイトニングで、歯の白さもキープする……。なかなか大変なことです。

黒 メイクは40代に引き続き、塗りすぎ厳禁ではあるけれど、単なる薄化粧ではダメ。ツヤと血色をきちんと足してあげることが大切なんです。

＋ 50代にはヘルシーさも欠かせない要素ですものね。

黒 ツヤも血色もあくまで〝自前〟だと見せることが大事。若い子が使うようなギラギラのハイライトではなく、スキントーンの自然なツヤを出せるものや、じんわり発色する赤みの強すぎないチークを味方につけて。

＋ 子育てが一段落するなど、時間的にも余裕が出てくるのがこの年代。まだまだ伸び代もあります。だから、もっとキレイを楽しみましょう！

十和子さんのメイク遍歴

時代に合わせて、メイクを常にアップデートしている十和子さん。年齢を重ねても色褪せない魅力の秘訣です。

30s

細眉ブームの名残もあり、眉は細め、アイメイクは強め。こうやって振り返ってみると、40代のほうが若く見えるかも!?

40s

カラコンを使い始めたのもこの頃。厚めの前髪にパキッとしたアイメイク、肌もマット仕上げで、今でいう"盛りメイク"。

50s

引き算の大切さがわかってきたのは50代になってから。リップの色やツヤ、マスカラの色でヌケ感を出すのが楽しい。

To Be the Best Me

「冷水浴び」のおかげか、白髪とは無縁。ヘアスタイルはSNSからアイデアをいただきます。

ヘアケアで大事なのは頭皮の血流。髪だけでなく、顔のたるみ予防としても頭皮の血流対策は欠かせません。洗い方にもこだわります。両手の指の腹を頭皮に当てて、ギュッと圧を加えながら洗います。左側頭部を洗う際には左に頭を傾けて、頭の重さも加えて頭皮に圧を加え、逆側も同様にすると頭のコリがほぐれてすっきり！　さらにしっかり洗いたい場合には、タングルティーザーの〝ザ・スカルプケア〟を投入。うなじもしっかり洗えて加齢臭対策もできますよ。私は白髪とは無縁なのですが、一番のポイントは、お風呂から出る直前に行う〝冷水浴び〟だと思っています。頭皮を冷水でキュッと締めるのですが（ついでに膝下も）、温冷効果でじわじわ〜っと血行がよくなるんです。お風呂上がりはハホニコの速乾タオル〝ヘアドライ マイクロファイバータオル〟で素早く髪の水気を切り、ＦＴＣの薬用育毛エッセンス〝髪のミカタ〟を頭皮になじませ、レプロナイザーの7D Plusで髪を乾かします。その前にスキンケアとボ

ディケアを行うので、お風呂上がりは常に時間との戦い！　だけどこのケアを続けてきたからこそ、髪のトラブルに悩まされないのかもしれません。

長年、ロングヘアが私のトレードマーク。ヘアスタイルにももちろんトレンドがありますから、古い印象を回避するために、少しずつアップデートしています。同じ長さでも前髪をつくってみたり、アイロンの巻き方やヘアアレンジを変えてみたりしています。アレンジのヒントはSNSから。気になったものをスクリーンショットしておき、自分でできそうなものに時間があるときにチャレンジして、少しでも新鮮なイメージに。

To Be the Best Me ———

とことんシンプルな家が心身をリラックスさせてくれます。

我が家のインテリアは超がつくほどシンプル。飾るものは季節のお花くらいで、デコレーションの類いはほぼありません。飾ることが嫌いなわけではありません。デコラティブなインテリアも見るのは大好きですし、憧れてもいます。ただ、仕事をしていると、お掃除にかけられる時間はどうしても限られます。だから、床も、棚も、〝何かをどかす〟というアクションをせずにサッと拭けることが大事なのです。ティッシュボックスやリモコンなど、我が家にあるものはすべて収納場所が決まっていて、出しっぱなしにすることはありません。「大変じゃない？」と言われることもありますが、ものの住所を決めてあるのでそこに戻すだけ。ちなみにお手紙やダイレクトメールなどは、すぐに目を通し、残すものと残さないものを選別。感謝の気持ちを込めつつ処分するのは届いたその日のうちに。そうしないとどんどん溜まって手に負えなくなってしまいますから。

いろんなタスクや考えなければならないことに追われているとき、このシンプルな空間に戻るとホッと落ち着きます。目から余計な情報が入ってこないから、考えをまとめやすいのかも。お仕事を続けているうちは、このスタイルは変わらないと思います。

Living Room

【 リビングルーム 】

光がたっぷり入るリビングルームは、
必要最小限の家具だけ。白やベージュ、
薄いグレーで統一。置く家具も色も
“散らかさない”ことを
意識して、居心地のよい空間に。

新調したばかりのソファとテーブルは“ミノッティ”。何軒もインテリアショップを回ってやっと見つけ出したお気に入りです。大きなランプとチェストは義理の父が海外で購入したもの。

Dining Room

【 ダイニングルーム 】

毎日ピカピカに磨き上げているガラス
テーブルが主役のダイニング。
“ポルトローナ・フラウ”の真っ白なチェアは、
汚れ防止に専用クリーナーでこまめにケア。

我が家には珍しいディスプレイゾーン。結婚記念日に撮っていただいた写真など思い出のものを厳選して飾っています。

Kitchen

【 キッチン 】

キッチンで使うものも、ほとんど収納して
カウンターの上をスッキリ！　お米も
お鍋で炊いたほうが早いし美味しいので、
数年前に炊飯器を処分しました。
トースターも同様で、
トーストにはフライパンを使用。

数少ない我が家のキッチン家電、バルミューダのオーブンレンジとシンプルなジョセフ ジョセフのゴミ箱はシルバーで統一。

右：私と娘たちがリビングのTVで韓国ドラマを観ているときの夫用(笑)。フロアスタンド一体型のEIZOの"FORIS.TV"。左：象印の加湿器は大容量のスチームだけでなく、お手入れも簡単なのが◎。

Bedroom

【ベッドルーム】

一日の疲れをリセットしてエネルギーを
チャージする場所なので、こちらも白で統一。
大塚家具で購入したベッド以外、
なるべく家具なども置かないようにしています。

Bathroom

【お風呂&洗面所】

化粧品、ドライヤー、タオル類
(ハンドタオル以外)はすべて収納し、
ここでも"出しっぱなし厳禁"。
お風呂の水滴も専用スクイージーで
毎回、残さずオフ！

右：洗面所には正面だけでなくサイドにも鏡を取り付けて、横から見たヘアスタイルやメイクをチェックできるように。下：水滴は使う度に拭き上げ、常にピカピカであるよう意識しています。右下：タオルを素早く乾かせ、温められるタオルウォーマーも愛用しています。

シャンプーやボディソープは家族それぞれ、自分のものを毎回持ち込む、"銭湯スタイル"。置きっぱなしにしないから衛生的です。

To Be the Best Me

自分をリセットしてくれる「癒やし」と「学び」の趣味。

仕事も、家事も、手を抜かずに頑張りたいからこそ、休息を疎かにしないように心がけていなす。もともと歯止めが利かない性格なので、ついつい頑張りすぎてしまうところが。だから、ポキッと折れないしなやかさをキープするためにも、趣味の時間を大事にしています。

お休みの日も私は割と早起きです。平日より30分くらい遅く起きて家族とゆっくり朝食を食べたら、午前中を自分メンテに充てています。週末の午後は、夫と映画を観たり、娘とショッピングに出かけたりすることが多いので。よく行くのは、マッサージや整体、ヘッドスパ、エステ、美容院、ネイルサロンなど。コリがほぐれればすっきりするし、髪やネイルがキレイになれば気分も上がります。

また、読書や映画鑑賞は、感性をブラッシュアップするのに役立つ趣味。自分とは全く違う年齢、性別、環境の方の人生に触れることは、刺激にもなりますし、気づかないうちに凝り固まっていた自分の思考のストレッチにもなる。自分とはまったく違うジャンルだったとしても、アイデアのヒントになることも！ また、キラキラと輝くアイドルを愛でる〝推し活〟も美容を生業としている私には必要不可欠。若い感性を吸収したり、美しいものに触れたりする喜びがあるというだけでなく、彼女たちがどんどん垢抜けていく様子を見ることや、真摯なプロ意識を感じることもいい刺激になります。ただ、流行りのオーディション番組は実は苦手なんです。この年齢になると、親御さんの気持ちを考えてしまい、いたたまれなくなってしまうこともあって……。

占いやスピリチュアルっぽいこともけっこう好きです。22：22みたいなゾロ目の時刻を見かけたら、嬉々として何のエンジェルナンバーなのかをネットで調べたりするし、『with class』で連載をしているイヴルルド遙華さんにも、ときどき相談したりしています。さらに、YouTubeのタロット占いもよく観ては「ふむふむ、なるほど～」なんて納得したり、何かを決める際に背中を押してもらったりしています。ただ、私が参考にするのは、ポジティブなことだけ。ラッキーカラーや一粒万倍日などはチェックするけれど、ネガティブな情報はシャットアウトを心がけています。一度気にするとどんどん引っ張られてしまう気がするので、YouTubeの占いは特に、言葉のチョイスがポジティブな方のチャンネルを選んでいます。

あの手この手を使って、身体の疲れを取ったり、気持ちをポジティブにもっていったり、感性を磨いたり。私にとって、そこに時間とお金を投資することは、忙しく、慌ただしい日々を乗り切るためにとても大切なことなのです。

永遠のアイドル、松田聖子さんも大好き。ご本人のオーラもさることながら、長年のファンの方たちの熱気にも、毎回感動します。

♥ Seiko Matsuda

アイドルが放つ光でエネルギーチャージ

推し活 My Fave

私にとって推し活は、エネルギーを満タンにしてくれる趣味のひとつ。昨年、娘が応募してくれてTWICEのコンサートへ行ってきたのですが、会場にいる何万人をも、一瞬で魅了してしまうあの光を、生で見られた感動たるや……！　彼女たちが放つパワーから、エネルギーをいただけました。雨の中長時間、グッズを買うために並ぶのさえ楽しかったです。TWICEでしたら、ナヨンちゃんとサナちゃん推しです。最近は、LE SSERAFIMのSAKURAちゃんも可愛くて目が離せません。そして、我が永遠のアイドル、松田聖子さんも大好き！　美しく、パワーがあるものに触れることは、気持ちが潤うだけでなく、仕事へのモチベーションアップにも効果的。化粧品という、美にまつわるお仕事をしているのでなおさら、感性が刺激されるような体験を能動的にしていくことが大事だと、思います。

♥ TWICE

♥ MOMOIRO CLOVER Z

ももいろクローバーZも長年推しているアイドル。DVDを何枚も持っています。TWICEのライブには団扇と配布されたメッセージを持って参戦。最近大好きなK-POPアイドルたちのメイクにも注目してます。

Book

好奇心の赴くまま読み込んでいます

読書

しっかり読書のための時間をとることはなかなかできませんが、寝る前に30分くらい、ベッドで本を読んでそのまま〝寝落ち〟してしまうのが最近の至福です。昔は恋愛小説が好きで読んでいましたが、最近は、美容に関連する書籍や、自分を鼓舞するようなノンフィクションなどを好んで読んでいます。仕事をしていると、ままならない状況になることも多く、『私ってなんてかわいそう』なんてつい思ってしまいそうになります。だけど壮絶な体験をされた方の苦労を読むことで、こんな小さなことで悩んでいても仕方ないなと思えます。

あきらめない 働く女性に贈る愛と勇気のメッセージ

村木厚子／日経ビジネス人文庫

冤罪で160日以上も勾留されるという壮絶な体験を、決して恨み節ではなく淡々と語るところに感動しました。

“一生美人”力

齋藤薫／朝日新聞出版

齋藤薫さんの分析力や文章力にずっと憧れています。この本にも素敵に年を重ねるヒントが詰まっています。

皮膚の秘密

ヤエル・アドラー／ソシム

美容業界にいると化粧品につい一発逆転を求めてしまうけれど、この本で一番大切なことを思い出せました。

精神科医が見つけた3つの幸福

樺沢紫苑／飛鳥新社

幸せについての考え方が変わった一冊。あれこれ思い悩まずに、気分のスイッチの切り替えもできるように。

Movie

映画鑑賞

非日常が楽しめるエンタメ系が好き

夫や娘と、映画をよく観に行きます。求めるものは、ワクワク感と非日常を楽しめるエンターテイメント性。シリアスな社会派作品にも興味はあるのですが、気持ちが引きずられて暗くなってしまいそうで。仕事に支障をきたしたくないので今は基本的に気分が上がるものを中心に。中でも昨年映画館で観た、トム・クルーズ主演の『トップガン マーヴェリック』は気分が上がりました。同年代のトムが演じる役柄への共感や若い頃に何回も聴いた「デンジャー・ゾーン」をはじめとした音楽の懐かしさなど、もう感情が大忙し（笑）。号泣してしまいましたし、なんだか背中を押してもらったような気分になれて、いい時間でした。

ウォリスとエドワード

DVDで何度も観ている作品のひとつです。マドンナが監督をしていて映像が美しく、観ることで感性を刺激されます。

DVD：¥4180　発売元：クロックワークス　販売元：東宝 ©W.E. COMMISSIONING COMPANY LIMITED. ALL RIGHTS RESERVED.

007 ノー・タイム・トゥ・ダイ

今までにないラストも衝撃。007シリーズは昔から大好きで欠かさず観てきました。時代の移り変わりも感じます。

Blu-ray：¥2075 / DVD：¥1572 4K Ultra HD+ブルーレイ：¥6980　発売元：NBCユニバーサル・エンターテイメント ※2023年3月時点

セルフケアでは足りないときは信頼する“プロ”の皆さんに頼ります。

自分ではとてもできない、クオリティの高い施術は効果もバツグン！　定期的なメンテナンスでキレイをキープします。

Hair【美容室】

私が担当しています
トップスタイリスト
古根壮記さん

古根さんは、彼が師匠についている時代からずっとお世話になっていて、私の好み、髪質を知り尽くしている人。詳しく説明しなくても、〝阿吽の呼吸〟で、私が今、求めているスタイルにしてくださるのは本当にありがたいですね。ヘアカットだけでなく、アレンジもとても素敵。イベントなどのスタイリングでも、お世話になっています。

aleeza（アリーザ）

カットの技術はもちろん、カラーリングのセンスもピカイチ。スタイリングやアレンジの悩みにも寄り添ってくれる。㊟東京都港区元麻布2-1-17モダンフォルム元麻布ビル2F　☎03-6721-9022　㊖10:00～19:00　㊡火曜　https://aleeza.jp

Nail【ネイル】

私が担当しています
トップネイリスト
淡路桜子さん

20年くらい通っているネイルサロン。昔はラインストーンをちりばめたデザインが好きでしたが、最近はワンカラーまたはフレンチが気分。長年担当してくださっている淡路さんはフレンチネイルが本当にお上手で、毎回うっとりしてしまいます。それでいてスピーディ！　時間がないけど指先をキレイに整えておきたい。そんな私の頼もしい味方です。

erikonail OMOTESANDO（エリコネイル表参道）

世界No.1ネイリストにもなった黒崎えり子さん率いる人気サロン。㊟東京都渋谷区神宮前4-18-9ボヌール表参道101　☎03-3409-5577　㊖11:00～20:00（月曜～金曜）、10:00～19:00（土曜・日曜・祝日）　㊡火曜　https://erikonail.com/

Massage【マッサージ】

Lyvolvant（リヴォルヴァント）

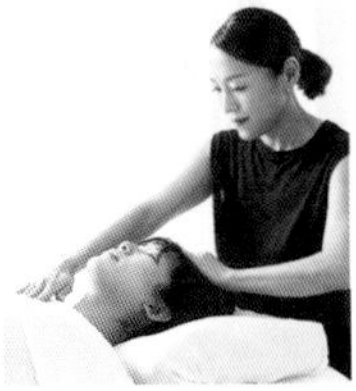

神経、筋肉、脳に働きかけるという独自のメソッドを使ったパーソナルなトリートメントを行う。美容業界でも大人気のプライベートサロン。㊟非公開 ☎03-6638-6979 ㊢11:00～21:00（日曜は～18:00）不定休 lyvolvant.com/ インスタグラム@mikiko_hayano_official_

私が担当しています

薬剤師／セラピスト
早野實希子さん

西洋医学・薬学、東洋医学を学んだ早野さんが東・西のマッサージ技術と補完・代替療法の理論を融合させたオリジナルのメソッドがとにかく素晴らしい。施術を受けた後は、肌質もフェイスラインも激変し、時間が巻き戻った!?と思うほど。身体も浮いているみたいに軽くなり、ハリウッド女優など世界のセレブを魅了しているのも納得です。

Spa【スパ】

アマン東京 アマン・スパ

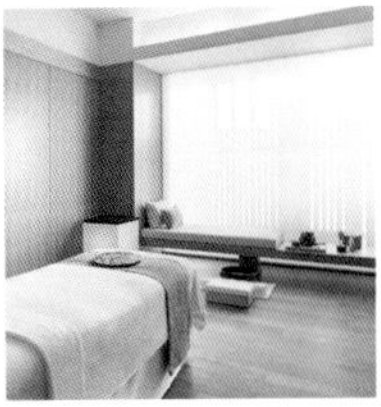

スパは宿泊者以外でも利用可能。㊟東京都千代田区大手町1-5-6　アマン東京 34F ☎03-5224-3344 ㊢10:00～22:00（スパゾーンは6:30～22:00、ジムは24時間）無休 https://www.aman.com/ja-jp/hotels/aman-tokyo/wellness

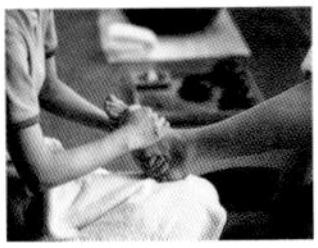

都会の真ん中で、まるでリゾートにいるような非日常とラグジュアリーな雰囲気を同時に味わえるのは、ホテルのスパならでは。こちらに伺う際は、〝クロモジ〟のオイルを使ったマッサージや、クレイやお茶を使ったボディラップなどのトリートメントを受けるほか、スパゾーンの浴場でゆっくりくつろぐのも至福。身体のすみずみまでほぐれ温まります。

Clinic【クリニック】

医療法人社団研美会 青山研美会クリニック

インナービューティも踏まえた提案で、根本から美肌に。㊟東京都渋谷区神宮前3-42-16 コッポラスクウェア2・3F ☎03-5413-1777 ㊡10:10～13:00、15:00～17:30 ㊡水曜・日曜 診療科目：皮膚科、美容皮膚科、形成外科、美容外科

私が担当しています

院長
阿部圭子先生

小さな吹き出物に悩んでいたときに、抗炎症注射などの治療を受けたことがきっかけで通い始めました。以来、阿部先生のことを、肌のホームドクターのように頼っています。こちらでは、分子栄養学に関する血液検査も受けられるので、自分の身体の中でどんな栄養素が足りないかが、具体的な数値となって把握できるのも魅力ですね。

Message from Towako……

最後に皆さんへのメッセージ

実は私は自分の人生に自信があったわけではなく、
ただ前に進むことに無我夢中でした。
だけど50代半ばになったとき、
ふと視点が変わったことに気づいたのです。
世界規模で価値観が否応なしに変わった
コロナ禍の影響もありました。この本のタイトルにもなった
“アラ還”がリアルに見えてきたことも大きいのかもしれません。
それまでは心のどこかで“必死でやらねば。楽しんでる暇はない”と
自分自身を律してきたけれど、視点が変わったことで
もっとおおらかになっていいのだと思えるように。
そして変化した眼差しで見る世界は、
以前よりももっと魅力的でいろんな愛に満ちています。
還暦まであと3年。
今は次の60代をもっともっと満喫するための助走期間だと思っています。
強がりではなく、今は年齢を重ねることがとても楽しい。
美容家として、自分に起こる変化をつぶさに観察して
皆さんにお届けできる喜び。
そして、好きなことを仕事にできている幸せ。
それらすべてに感謝して、これからも走り続けます。
最後に。この本を手に取ってくださった皆様、ありがとうございました。
この本を読むことで、皆様の気持ちや毎日をほんの少しでも明るく、
心楽しくすることができたら、これ以上幸せなことはありません。

Shop List
協力店リスト

アイセイ 📞0120-579-570
アディクション ビューティ 📞0120-586-683
アンプリチュード 📞0120-781-811
井田ラボラトリーズ 📞0120-44-1184
イプサ 📞0120-523-543
Excess Beauty https://excess-beauty.shop/html/email.html
エスティ ローダー ☎0570-003-770
FTC 📞0120-35-1085
カインズ コンタクトセンター 📞0120-87-7111
かならぼ 📞0120-91-3836
カネボウ化粧品 📞0120-518-520
CAFE OHZAN 📞0120-129-683
株式会社ソーキ 📞0120-838-330
銀座ロフト ☎03-3562-6210
KUGENUMA SHIMIZU GINZASIX店 ☎03-6263-9775
クラランス ☎03-3470-8545
グランド ハイアット 東京「フィオレンティーナ ペストリーブティック」 ☎03-4333-8713
クレ・ド・ポー ボーテお客さま窓口 📞0120-86-1982
コージー本舗 ☎03-3842-0226
コスメデコルテ 📞0120-763-325
スタイルアンドバリュージャパン 📞0120-779-675
SUQQU 📞0120-988-761
SPIC ☎0467-24-1045
セキド ☎03-6300-6578
セザンヌ化粧品 ☎0120-55-8515
ドゥ・ラ・メールお客様相談室 ☎0570-003-770
桃林堂 青山店 ☎03-3400-8703
ドーバー酒造株式会社 ☎03-3469-2111
トム フォード ビューティ ☎0570-003-770
NARS JAPAN 📞0120-356-686
ニコライバーグマン https://shop.nicolaibergmann.com
能戸フーズ株式会社 ☎0138-63-3211
パルファム ジバンシイ〔LVMHフレグランスブランズ〕 ☎03-3264-3941
パルファン・クリスチャン・ディオール ☎03-3239-0618
PIA 📞0120-523-823
ファインお客様相談室 📞0120-056-356
familiar 📞0120-078-345
フェイラー銀座本店 ☎03-3528-6835
PLAZA カスタマーサービス室 ☎0120-941-123
ブルーベル・ジャパン株式会社 クスミティー カスタマーサービス customer.service@kusmi.bluebellgroup.com
分子生理化学研究所 ☎03-5286-7010
ヘンプス ☎03-6434-0369
POLA 📞0120-117111
みよし漆器本舗 ☎073-482-3514
レック株式会社 ☎03-3527-2650
ローラ メルシエ ジャパン 📞0120-343-432

※掲載アイテムは全て税込み価格で表記しています。
※商品は売り切れ、価格改定の場合がございますのでご了承ください。

Costume Cooperation

衣装協力

アノア ☎03-3408-6690
サンフレール ☎03-3265-0251
ジュエル・ジェイジー ☎03-6778-8189
ジョージ ジェンセン(ジョージ ジェンセン ジャパン) ☎03-6743-7006
セルジオ ロッシ カスタマーサービス ☎0570-016600
ソブ(フィルム) ☎03-5413-4141
マナローザ ☎011-251-6386
マリハ ☎03-6459-2572
mimi33(サンポークリエイト) ☎082-248-6226
ラナスワンズ(ススプレス) ☎03-6821-7739
リゼクシー ☎03-6681-9470
1DKジュエリーワークス(ドレスアンレーヴ) ☎03-5468-2118

Staff List

スタッフリスト

【撮影】
中村和孝(表紙、p2-8、p92、p95、p138-141)
花村克彦(p21、p44、p55)
岩谷優一(vale./p32-38、p122-125)
Kazuyuki Ebisawa(makiura office/p77、p79、p88-89、p114-115、p126-127)
浜村菜月(LOVABLE/p91平野ノラさん分)

【取材撮影】
水野昭子、金栄珠

【静物撮影】
伊藤泰寛、恩田亮一

【ヘア&メイク】
黒田啓蔵
(Iris/表紙、p2-8、p21、p32-38、p44、p55、p77、p79、p88-89、p92、p95、p114-115、p122-127、p138-141)

【スタイリング】
後藤仁子(表紙、p2-8、p92、p95、p138-141)
江島モモ(p21、p44、p55、p77、p79、p88-89、p114-115、p126-127)

【取材・文】
中川知春

【デザイン】
ムネノコズエ

【特別協力】
森田稔子、中村千恵(FOUR GRACE TABLEWARE)、出村博子(FTC)

【編集協力】
木村早紀、御代田真澄

君島十和子

Towako Kimijima

1966年東京都生まれ。
FTCクリエイティブ・ディレクター、美容家。二人の娘をもつ母。
雑誌の専属モデルや女優として活躍後、結婚を機に芸能界を引退するも、
美容への意識の高さに注目が集まり各女性誌で取り上げられる。
『十和子道』(集英社)、『十和子イズム』(講談社)など著書も多数。
現在はTVや雑誌にて活躍しながら、
自身のSNSでも飾らない等身大の姿やファンに寄り添った配信が大好評。

YouTube「君島十和子チャンネル」
Instagram @ftcbeauty.official
Twitter @FTC_beauty

アラ還十和子《かんとわこ》

2023年4月18日　第1刷発行
2023年5月10日　第3刷発行

著 者　君島十和子《きみじまとわこ》

発行者　鈴木章一
発行所　株式会社講談社
〒112-8001　東京都文京区音羽2-12-21
電話　編集 ☎03-5395-3408
販売 ☎03-5395-3606
業務 ☎03-5395-3615
印刷所　大日本印刷株式会社
製本所　大口製本印刷株式会社

KODANSHA

ISBN 978-4-06-531412-8